W0089129

Veronika Bohrn Mena

Leistungsklasse

Veronika Bohrn Mena

Leistungs klasse

Wie Frauen uns unbedankt und unerkannt durch alle Krisen tragen

Die Inhalte in diesem Buch sind von der Autorin und dem Verlag sorgfältig erwogen und geprüft, dennoch kann eine Garantie nicht übernommen werden. Eine Haftung der Autorin bzw. des Verlages und seiner Beauftragten für Personen-, Sach- und Vermögensschäden ist ausgeschlossen.

Verlag des Österreichischen Gewerkschaftsbundes GmbH
Johann-Böhm-Platz 1, 1020 Wien
T 01/662 32 96-0 | F 01/662 32 96-39793
office@oegbverlag.at | www.oegbverlag.at

Kreation, Umschlaggestaltung und Satz: BoutiqueBrutal.com
Lektorat: Florian Praxmarer

Medieninhaber: Verlag des Österreichischen Gewerkschaftsbundes GmbH
© 2020 Verlag des Österreichischen Gewerkschaftsbundes GmbH
Hersteller: Verlag des Österreichischen Gewerkschaftsbundes GmbH
Verlags- und Herstellungsort: Wien
Printed in Austria

1. Auflage 2020
ISBN: 978-3-99046-473-1

Creative Commons Lizenz CC BY-SA 4.0

Buch + e-book

> Am **Schreibtisch** das gedruckte Buch in seiner gewohnten Form
> **Unterwegs** das e-book auf dem handlichen Tablet
> **Am PC oder Laptop** das PDF mit voller Funktionalität:
  · **Schnelle Navigation** im e-book über Bookmarks, Seitennavigation oder Suchfunktion
  · **Komfortables Lesen** durch Zoomen der Bildschirmansicht
  · **Effizientes Exzerpieren:** Markieren, Lesezeichen und Notizen anlegen, Textpassagen kopieren, ausdrucken u. v. m.

Ihre Vorteile bei einer Registrierung:

> Mit dem Kauf dieses Buches haben Sie gleichzeitig die **Berechtigung zum Download des dazugehörigen e-books** im PDF-Format erworben.
> Das PDF können Sie auf **all Ihren Geräten** benützen. Keine Einschränkungen durch hartes Digital Rights Management.
> Sie erhalten eine Nachricht, sobald eine **aktualisierte Neuauflage** erscheint.
> Der PDF-Download ist bis zum Erscheinen einer eventuellen Neuauflage möglich.

In drei Schritten gelangen Sie zu Ihrem e-book:

1. Gehen Sie auf die Webseite www.oegbverlag.at/registrierung
2. Füllen Sie das Webformular aus. Sie benötigen dazu den unten angebrachten 12-stelligen Registrierungscode.
3. Nach dem Absenden des Webformulars erhalten Sie umgehend eine E-Mail mit einem Download-Link für das e-book.

Bei Fragen wenden Sie sich an e-service@oegbverlag.at.

Registrierungscode
6473zvpvwa33

INHALT

VORWORT

VORWORT

Blanke Wut – das ist die Emotion, die mir in den letzten Wochen bei all meinen Gesprächen mit Frauen entgegenschlug. Totale Erschöpfung und atemberaubende Müdigkeit prägen die Verfassung, von der mir die meisten Interviewpartnerinnen berichteten. Angst, Verzweiflung, Überforderung und Resignation sind ihre ständigen Begleiterinnen. Denn uns Frauen hat die Corona-Krise doppelt getroffen. Das mussten und müssen wir alle nicht nur am eigenen Leib erfahren, das bestätigen auch sämtliche Erhebungen, die sich mit den Auswirkungen der Krise beschäftigen. Und wir werden von unseren Regierungen im Stich gelassen: Während milliardenschwere Hilfspakete samt Steuererleichterungen für Konzerne geschnürt werden, müssen wir uns mit einem müden Applaus und einem herablassenden Lob begnügen. Wir Frauen sind auch dieses Mal wieder diejenigen, die die Gesellschaft am Laufen halten, wir tragen sie. Wir arbeiten in den systemrelevanten Bereichen, in genau den Berufen, ohne die einfach gar nichts geht. Wir leisten die Erziehungs- und emotionale Sorgearbeit, wir helfen, pflegen und sind unermüdlich im Einsatz – und das alles auf einmal. Unsere Gesellschaft funktioniert nur auf der Grundlage unserer Leistungen: Würden wir von einem Tag auf den anderen die Arbeit niederlegen, wäre ein Zusammenbruch der Zivilisation unausweichlich. Wir arbeiten eigentlich rund um die Uhr und vollbringen Unfassbares. Doch wir Frauen leisten all diese Arbeit so selbstverständlich wie unaufhörlich, dass sie unsichtbar, unerkannt, unbedankt und un(ter)bezahlt ist. Wir opfern jede Menge Zeit für unsere Nächsten und verlieren dabei Geld.

All das ist nichts Neues, das war auch schon vor dem Ausbruch des Corona-Virus so. Wenn auch nicht entsprechend präsent, so waren diese extreme Doppelbelastung für Frauen und die Schieflage in der Verteilung von Zeit und Geld schon zuvor ein weit unterschätztes Problem. Die Konsequenz ist nicht nur die ungleiche Verteilung von Macht und Anerkennung, sondern es bedeutet für Frauen auch erheblich weniger Lebensqualität, gesundheitliche Folgeschäden, geringere Möglichkeiten der gesellschaftlichen Teilhabe, schlechtere Chancen auf Bildung und Weiterbildung und vieles mehr. Zeit ist heute das höchste Gut, und Frauen haben davon einfach viel zu wenig. Aufgewachsen im ländlichen Raum als Tochter einer Alleinerzieherin musste ich das bereits als kleines Kind selbst erfahren: Tag für Tag erlebte ich mit, wie sich meine Mutter von fünf Uhr morgens bis spät in die Nacht abrackerte: morgens das Vorkochen fürs Mittagessen, die Hausarbeit, das Wäschewaschen und das Versorgen von meiner Schwester und mir, bevor es für uns in den Kindergarten, zur Schule und ins Büro ging. Dann saß sie täglich acht bis zehn Stunden in der Arbeit, bevor sie abends wieder müde nach Hause kam. Sie war eigentlich immer müde. Und sie musste dafür auch noch den Frust ihrer Töchter aushalten. Während ich den ganzen Nachmittag darauf wartete, dass Mama endlich nach Hause kam und sich mit mir beschäftigte, war sie abends völlig erschöpft. Sie bemühte sich so sehr, es uns schön zu machen, dass für sie jahrelang nicht eine Stunde der Erholung blieb. Heimlich beneidete ich andere Kinder, deren Mütter nachmittags zu Hause waren, um ihnen ihr Essen auf den Tisch zu stellen, bei den Hausaufgaben zu helfen, mit ihnen zu spielen oder Ausflüge zu machen. Aber ich wusste: Meine Mama musste arbeiten und hatte für solche Dinge keine Zeit. Erst als ich dann selbst eine junge Frau wurde, erkannte ich, wie stark, unabhängig, selbstsicher und stolz meine Mutter auf sich und uns war. Für uns war vieles eine größere Herausforderung als für andere Familien, meine Mutter musste in ihrem Leben immer wieder Hürden überwinden, von deren Existenz andere nicht einmal wussten. Ihr größter Wunsch war es immer, dass meine Schwester und ich es einfacher haben würden, dass es für Frauen weniger schwer sein würde, eine gesunde Ausgewogenheit zwischen Beruf und Familie sowie finanzielle Unabhängigkeit zu erreichen. Vor Kurzem hat sie ihre Enttäuschung mit mir geteilt, dass es Jahrzehnte später für uns Frauen in dieser Hinsicht kaum besser geworden ist. Die letzten Monate der Krise haben diesen Missstand sogar noch weiter verschärft und ins Extreme gesteigert. Die Auswirkungen dieser Ungerechtigkeit beeinflussen wirklich jeden Lebensbereich und sind verheerend, insbesondere für uns Frauen, aber auch für unsere Angehörigen – und das ist vollkommen inakzeptabel.

Schon bei den Gesprächen und Recherchen für mein erstes Buch *Die neue ArbeiterInnenklasse* und nach den starken Reaktionen auf seine Veröffentlichung war in mir der Wunsch gewachsen, mich intensiver mit der speziellen Position von Frauen auf dem Arbeitsmarkt zu beschäftigen. Denn die neue ArbeiterInnenklasse ist stark weiblich dominiert. Die atypische und prekäre Beschäftigung ist mittlerweile zur weiblichen Norm geworden. Und die gewaltigen Umbrüche in der Arbeitswelt, die infolge der Digitalisierung auf uns zukommen, werden Frauen ganz besonders treffen. Dazu kommt noch das riesige Feld der unbezahlten Arbeit, das so gut wie nie in eine Beziehung zur Erwerbsarbeit gesetzt wird, wodurch Wechselbeziehungen und Zusammenhänge viel zu oft gesellschaftlich und politisch unbeleuchtet und unbehandelt bleiben. Grund genug also, sich der „Leistungsklasse" der Frauen anzunehmen, von denen manche zwar gelegentlich das zweifelhafte Vergnügen haben, beklatscht zu werden, von denen die allermeisten aber weder hinreichend abgesichert sind noch fair entlohnt werden. Als ich mit der Arbeit am vorliegenden Buch im Jänner 2020 begann, wusste ich nicht, dass nur wenige Wochen

später genau diese Konstellation aufgrund einer Pandemie es-
kalieren würde. Und auch wenn sich die Lage für die Frauen in
der Krise weiter verschärft hat, so hat sich dadurch leider nicht
das öffentliche Bewusstsein für ihre Realitäten geschärft – ganz
im Gegenteil: Es bleibt weiterhin still um die stillen Heldinnen,
um ihre Sorgen, Ängste und Nöte.

Nicht so in den Interviews mit meinen Gesprächspart-
nerinnen für dieses Buch, die so von den starken Emotionen
der Frauen geprägt sind, dass auch ich inzwischen vor Wut
koche, während ich sie wiedergebe. Zwar war und bin ich
selbst in einer privilegierten Position – mit einem Partner, der
seine Vaterrolle ernst und jeden Tag ganz selbstverständlich
wahrnimmt, und einem fixen Arbeitsplatz, der auch während
des Shutdowns nicht gefährdet war. Doch auch ich hatte neun
Wochen lang meinen dreijährigen Sohn zu Hause, während ich
im Homeoffice arbeiten musste. Jedes einzelne Mal, wenn es in
dieser Zeit dann vonseiten der Regierung hieß: „Die Schulen
haben ohnehin geöffnet", wäre ich am liebsten an die Decke
gesprungen – hörte ich doch täglich von Eltern, dass das eben
nicht der Fall war, von Müttern, die verzweifelt waren, weil
sie die versprochene Sonderbetreuungszeit für ihre Kinder
nicht nutzen konnten und nicht wussten, wie sie ohne weiteren Urlaub über die langen Sommerferien kommen sollten.
Die Regierung hat all diese Probleme ignoriert und schamlos
schöngeredet. Dass sich im Nachhinein herausgestellt hat, dass
während des Shutdowns nur 514 Personen in ganz Österreich
die drei Wochen Sonderbetreuungszeit nutzen durften, hat sie
nicht einmal kommentiert – genauso wenig, dass in Summe
keine 5.000 Personen einzelne Tage der Sonderbetreuungszeit
in Anspruch nehmen konnten. Die ArbeitgeberInnen spielen
bei dieser ihrerseits „freiwilligen" Maßnahme einfach nicht
mit, und das wird sich auch in den jetzigen Sommermonaten
nicht ändern. Thema ist dies in den ständigen Pressekonferenzen jedoch keines. Was zählt, sind Wirtschaftskennzahlen und
Auftragszahlen der Industrie – wie es den Beschäftigten und

insbesondere den Frauen geht, scheint kaum jemanden in der Regierung zu interessieren.

Wir Frauen sollten diese Ungerechtigkeit nicht länger hinnehmen. Über unsere Lage muss gesprochen werden, sie muss Thema sein und darf keinesfalls weiter ignoriert werden. Nur weil die meisten von uns zu erschöpft sind, um ihrem Ärger Luft zu machen, und wir für Demonstrationen oder Aktivismus oftmals auch einfach keine Zeit haben, darf nicht länger so getan werden, als wäre alles in Ordnung, denn das ist es nicht: Es ist nicht in Ordnung, dass Frauen erst die Untätigkeit der Politik korrigieren müssen, um dafür dann auch noch finanziell bestraft zu werden. Ich will von keinen PolitikerInnen mehr erklärt bekommen, dass Teilzeitarbeit zu Altersarmut führt, sondern ich erwarte mir, dass sie den Arbeitsmarkt und unsere gesellschaftliche Infrastruktur so gestalten, dass wir nicht mehr Teilzeit arbeiten müssen! Ich wünsche mir daher, dass dieses Buch einen Beitrag zu einer breiten, lauten und fortschrittlichen Debatte über die dringend notwendige Umverteilung von Arbeit, Zeit und Geld leisten wird. Denn was all die Frauen, mit denen ich gesprochen habe, und ich gemeinsam haben, ist, dass es uns reicht. Und ich danke jeder einzelnen dieser Frauen, dass sie durch ihre Offenheit und ihren Mut dabei geholfen hat, aufzuzeigen, wer die Krise tatsächlich schultert.

EINLEITUNG

EINLEITUNG

Diese einleitenden Zeilen schreibe ich nun im Sommer 2020. Corona hat die Welt zwar noch immer fest im Griff, in Österreich, Deutschland und den meisten anderen EU-Ländern wurden die härtesten Maßnahmen zur Eindämmung des Virus jedoch zumindest zwischenzeitig wieder ausgesetzt. Die Betriebsschließungen und Ausgangsbeschränkungen der letzten Monate sorgten dafür, dass über Wochen mehrere Wirtschaftszweige völlig zum Erliegen kamen. Hotels, Restaurants, Geschäfte und Sportstätten waren zu, alles, was nicht als „systemrelevant" und dringend erforderlich eingestuft wurde, sollte auf Eis gelegt werden. Die Entscheidung darüber, was für uns als zwingend erforderlich und unverzichtbar gilt, wurde – so wie alle anderen Maßnahmen gegen die Krise – mehrheitlich von Männern getroffen. Und das ist leider deutlich spürbar, denn hätten mehrheitlich Frauen und insbesondere Mütter entschieden, dann wären Schulen und Kindergärten wohl nicht so lange und schon gar nicht wiederholt geschlossen worden, während der Betrieb in Schlachthöfen trotz Corona-Clustern weiter am Laufen gehalten wurde. Die Bildung, Erziehung und Betreuung von Kindern wurde und wird nicht als systemrelevant eingestuft, die Fleischproduktion hingegen schon. Die Konsequenzen dieser und anderer Entscheidungen waren absehbar, wurden aber wegen fehlender Gegenmaßnahmen der Politik nicht verhindert. Viel zu viele Menschen verloren ihren Arbeitsplatz, noch mehr wurden in Kurzarbeit geschickt. Zu Spitzenzeiten waren in Österreich fast zwei Millionen Erwerbstätige in Kurzarbeit oder erwerbsarbeitslos, das entspricht fast der Hälfte aller österreichischen Beschäftigten. Nachdem in der ersten strengen Phase der Betriebsschließungen zur Eindämmung des Corona-Virus Ende März die Erwerbsarbeitslosigkeit auf ein Rekordniveau von rund 563.000 Menschen angestiegen war, erhöhten sich die Arbeitslosenzahlen zunächst weiter. Ab Mitte April beruhigte sich die Lage, und die radikale Kündigungswelle kam wieder zum Stillstand. Gegenüber dem Vorjahr belief sich der Anstieg der Erwerbsarbeitslosigkeit Ende April nichtsdestotrotz auf rund 58 Prozent.[1]

Auch in Deutschland waren im Juni 2,8 Millionen Menschen ohne Arbeit, 637.000 mehr als vor einem Jahr – angesichts der Dimension der Krise ein vergleichsweise moderater Anstieg gegenüber jenem in Österreich, aber gleichzeitig ist auch in unserem Nachbarland die Zahl der geleisteten Arbeitsstunden deutlich gesunken. Unter „Unterbeschäftigung" fasst die deutsche Bundesagentur für Arbeit neben Erwerbsarbeitslosen auch die Menschen zusammen, die an entlastenden Maßnahmen der Arbeitsmarktpolitik teilnehmen oder erkrankt sind und aufgrund ihrer temporären Arbeitsunfähigkeit nicht in der Arbeitslosenstatistik aufscheinen. Dadurch wird ein umfassenderes Bild über die tatsächliche Menge der Menschen gezeichnet, deren Wunsch nach einem Arbeitsplatz nicht erfüllt wird. Im Juli belief sich die Unterbeschäftigung ohne Kurzarbeit auf 3.661.000 Menschen. Weitere 190.000 Beschäftigte waren im Juli zur Kurzarbeit gemeldet, im April waren es noch über acht Millionen Menschen.[2]

Düster sah es auch im Rest von Europa aus: In einer groß angelegten repräsentativen Studie von Eurofound berichteten 5 Prozent der EU-weit Befragten, dass sie ihre Arbeitsplätze dauerhaft, und fast ein Viertel aller Beschäftigten, dass sie ihre Jobs vorübergehend verloren haben. Rund 50 Prozent der arbeitenden Bevölkerung in der gesamten EU haben eine Verkürzung ihrer Arbeitszeit erfahren. Diese geht für die meisten auch mit einem starken Einkommensverlust einher, denn die österreichische Variante der durch das Arbeitsmarktservice fast vollständig finanzierten Kurzarbeit stellt die Ausnahme und nicht die Regel dar. In einigen EU-Ländern schließt die Reduzierung der Arbeitszeit beispielsweise auch eine unbezahlte Beurlaubung mit ein. Über ein Drittel der befragten Erwerbstätigen gab an, dass ihre Arbeitszeit sogar „stark" gesunken sei, in Griechenland, Frankreich, Italien und Zypern war dies bei der Hälfte aller ArbeitnehmerInnen der Fall. Nur 16 Prozent der EuropäerInnen gaben an, dass ihre Arbeitszeit „ein wenig" gesunken sei.[3]

Arbeitszeitreduzierung in Europa

In der EU-27 haben **5%** der Befragten ihren **Arbeitsplatz dauerhaft verloren.**

Fast 1/4 aller Befragten hat den **Arbeitsplatz vorübergehend verloren.**

Rund 50% der arbeitenden Bevölkerung in der gesamten EU haben eine **Verkürzung ihrer Arbeitszeit erfahren.**

Druck, Angst und Sorgen in ganz Europa

Natürlich gingen die starken Verwerfungen auf dem Arbeitsmarkt mit sehr viel Druck, Angst und Sorgen der Menschen einher. So waren während des Shutdowns ganze 16 Prozent der Beschäftigten in Europa der Ansicht, dass sie in naher Zukunft wahrscheinlich ihren Arbeitsplatz verlieren würden. 7 Prozent von ihnen hielten dies sogar für „sehr wahrscheinlich". Am stärksten war diese Arbeitsplatzunsicherheit in den östlichen und südlichen Mitgliedstaaten: 20 Prozent der Befragten in Bulgarien und 15 Prozent in Griechenland gaben an, dass sie das Gefühl hatten, als Ergebnis der Krise mit hoher Wahrscheinlichkeit ihre Stelle zu verlieren. Infolge dieser Arbeitsplatzunsicherheit waren EU-weit auch vier von zehn pessimistisch, was ihre finanzielle Lage anging: Ganze 38 Prozent der Befragten antworteten, dass sich ihre finanzielle Situation durch die Pandemie bereits verschlechtert hatte und sie glaubten, dass sich diese in den nächsten drei Monaten noch weiter verschlechtern würde. Die bereits bestehenden starken Wohlstandsunterschiede innerhalb von Europa führen in diesem Punkt zu großen Unterschieden zwischen den Mitgliedstaaten. 48 Prozentpunkte lagen zwischen Dänemark, dem Mitgliedstaat, der mit 12 Prozent den niedrigsten, und Bulgarien, das mit 60 Prozent den höchsten Anteil der Befragten hatte, die ihre finanzielle Situation im April als schlechter beschrieben als in den drei Monaten zuvor. Auf längere Sicht werden die Wohlstandsunterschiede jedoch geringer ausfallen, denn insgesamt 56 Prozent der an der Studie beteiligten EuropäerInnen haben unzureichende Ersparnisse, um ohne Einkommen auszukommen, und sind nicht in der Lage, ihren Lebensstandard für mehr als drei Monate ohne Einkommen aufrechtzuerhalten. 27 Prozent haben überhaupt keine Ersparnisse, und 29 Prozent haben gerade genug, um drei Monate abzudecken. Selbst in den wohlhabenderen Mitgliedstaaten hat über ein Drittel nicht genügend Ersparnisse, um mehr als drei Monaten ohne Einkommen auszukommen. Und etwa die Hälfte aller Haushalte hatte bereits im April Schwierigkeiten, über die Runden zu kommen. Das führt so weit, dass 6 Prozent aller Befragten angaben, dass es sogar „sehr" oder „eher" wahrscheinlich sei, dass sie ihr Zuhause innerhalb der nächsten sechs Monate räumen müssen, weil sie sich die Miete nicht mehr leisten können. Dieser Anteil erhöht sich auf 20 Prozent bei Arbeitslosen und 11 Prozent bei Selbstständigen – obwohl mehrere Mitgliedstaaten

Arbeitsplatzunsicherheit, finanzielle Schwierigkeiten und Ersparnisse

Während des Shutdowns waren **16%** der Beschäftigten in Europa der Ansicht, dass sie **in naher Zukunft** wahrscheinlich ihren **Arbeitsplatz verlieren** würden.

7% von ihnen hielten das für **„sehr wahrscheinlich".**

38% der Befragten antworteten, dass sich ihre **finanzielle Situation durch die Pandemie bereits verschlechtert** hatte und sie glaubten, dass sich diese **in den nächsten 3 Monaten noch weiter verschlechtern** würde.

56% der an der Studie beteiligten EuropäerInnen **haben unzureichende Ersparnisse,** um ohne Einkommen auszukommen, und sind **nicht in der Lage, ihren Lebensstandard** für mehr als **3 Monate ohne Einkommen aufrechtzuerhalten.**

Maßnahmen ergriffen, um die Vertreibung von Menschen aus ihren Häusern zu vermeiden. Die finanzielle Lage der kleinen Selbstständigen in Europa ist ebenso alarmierend wie die Lage derer, die ihre Arbeit verloren haben. In beiden Gruppen sind rund zwei von drei Befragten der Ansicht, dass sich ihre finanzielle Lage seit dem Ausbruch der Krise weiter verschärft habe. Etwa die Hälfte von ihnen machte sich im April darüber Sorgen, nicht über den Sommer zu kommen. Über ein Viertel von ihnen war schon im April im Rückstand bei Konsumkrediten, Miet- oder Hypothekenzahlungen bzw. mit Rechnungen von Versorgungsunternehmen, Telefonanbietern oder Rechnungen für Mobil- oder Internetverbindungen.

Aber nicht alle haben seit Corona weniger Arbeit. Denn zeitgleich hat für durchschnittlich 7 Prozent der Beschäftigten in Europa die Arbeitszeit stark zugenommen. Von denen, die ihre Arbeit behalten haben, waren im April fast vier von zehn Beschäftigten – mit 37 Prozent weit mehr als ein Drittel – im Homeoffice, und auch das hat zu neuen Problemen geführt. Fast 60 Prozent der Beschäftigten in Finnland, über 50 Prozent in Luxemburg, den Niederlanden, Belgien und Dänemark sowie 40 Prozent oder mehr in Irland, Schweden, Österreich und Italien arbeiteten von zu Hause aus. In diesen Ländern, in denen mehr Menschen infolge der Pandemie ins Homeoffice wechseln konnten, gaben wesentlich weniger Beschäftigte an, dass sich ihre Arbeitszeit reduziert hatte. 27 Prozent der Beschäftigten im Homeoffice gaben sogar an, mindestens jeden zweiten Tag in ihrer Freizeit arbeiten zu müssen, um den neuen Arbeitsanforderungen gerecht zu werden. Neben den erhöhten Arbeitserfordernissen und dem steigenden Druck war es schwer, unter diesen Voraussetzungen die Arbeit zu vergessen und sich zu entspannen. Ein Drittel gab an, um die Arbeit besorgt zu sein, auch wenn sie gerade nicht arbeiteten.

Zu dieser ungleichen Entwicklung kommt erschwerend hinzu, dass der europäische Arbeitsmarkt schon vor dieser furchtbaren Krise tief gespalten war. In den letzten dreißig

Jahren entwickelten sich die Einkommen, die Stabilität der Arbeitsplätze und die Erwerbsarbeitszeit in zwei Richtungen: Während es für sicher beschäftigte Erwerbstätige konstant bergauf ging, rutschten prekär Beschäftigte ab. Es bildeten sich zwei Klassen von Erwerbstätigen: die neue ArbeiterInnenklasse und die Angehörigen der ehemaligen sogenannten „Mittelschicht". Dementsprechend verteilen sich auch die Last und das Leid im Zusammenhang mit den aktuellen Verwerfungen auf dem Arbeitsmarkt bei Weitem nicht auf alle gleichmäßig. Wer zuvor schon prekär beschäftigt, armutsgefährdet oder in einer unsicheren Branche tätig war, wurde viel schlimmer erwischt. Die Betroffenen sind junge Erwerbstätige – weil es in Krisenzeiten meist heißt: „Wer zuletzt kam, geht zuerst" –, Menschen mit Migrationshintergrund, die oft schon aufgrund ihres Namens ohnehin einer ständigen Diskriminierung unterliegen, ArbeiterInnen mit Tätigkeiten, die als leichter ersetzbar gelten, sowie atypisch Beschäftigte mit unsicheren Arbeitsverträgen. In all diesen Gruppen stellen Frauen die Mehrheit, daher trifft die Corona-Krise insgesamt Frauen wesentlich härter – und das gleich mehrfach.

Frauen trifft es am härtesten – und das mehrfach

Von den Beschäftigten, die in den Monaten des Shutdowns (März, April und Mai) in Österreich ihren Arbeitsplatz verloren haben, sind knapp 55.000 Frauen und rund 9.400 Männer. Der Anstieg der Arbeitslosigkeit betrifft also zu 85 Prozent Frauen.[4] Auch in Deutschland war der Anstieg der Arbeitslosigkeit im gleichen Zeitraum bei Frauen mit 16 Prozent deutlich höher als bei Männern (12 Prozent), während der folgende Rückgang der Arbeitslosenzahlen zwischen den Geschlechtern sehr ähnlich war.[5] Die Ursache dafür lag jeweils darin begründet, dass in Branchen und Berufen mit einem hohen Frauenanteil wie Handel, Beherbergung und Gastronomie, Kunst, Unterhaltung, Erholung, Erziehung und Unterricht sowie Gesundheit und Soziales die meisten Stellen abgebaut wurden. Zudem haben unter den Frauen in Österreich wesentlich mehr Akademikerinnen ihren Job verloren, während bei den Männern hauptsächlich Geringqualifizierte betroffen sind.

Anstieg der Arbeitslosigkeit – Frauen versus Männer

Von den Beschäftigten, die in den Monaten des Shutdowns in Österreich ihren Arbeitsplatz verloren haben, sind knapp **55.000 Frauen** und rund **9.400 Männer.** Der Anstieg der **Arbeitslosigkeit betrifft also zu 85% FRAUEN.**

In Deutschland war der **Anstieg** der Arbeitslosigkeit im gleichen Zeitraum **bei Frauen** mit **16%** deutlich **höher** als bei **Männern** mit **nur 12%.**

Hinzu kommt, dass Frauen eben wesentlich häufiger mit unsicheren Dienstverträgen, im Niedriglohnsektor oder mit „atypischen" Dienstverträgen arbeiten. Und auch wenn Frauen in Deutschland jetzt nicht häufiger von Kurzarbeit betroffen sind, so erhalten sie doch deutlich seltener eine Aufstockung des Kurzarbeitsentgelts. Während 28 Prozent der Frauen, die sich in Kurzarbeit befinden, angeben, dass ihr/e ArbeitgeberIn das Kurzarbeitsentgelt aufstockt, sind es bei den Männern in Kurzarbeit 36 Prozent. Von den Frauen, die sich ohne Aufstockung in Kurzarbeit befinden, schätzt fast die Hälfte, mit diesem Gehalt maximal drei Monate auskommen zu können – in der männlichen Vergleichsgruppe sind es 41 Prozent. Vor dem Hintergrund generell geringerer Gehälter führt die Kurzarbeit ohne Aufstockung somit bei Frauen zu einer noch angespannteren finanziellen Situation als bei Männern.[6]

Doch auch dabei bleibt es nicht. Frauen beziehen aufgrund ihrer kleineren Einkommen, bei denen sich auch kein Notgroschen auf die Seite legen lässt, nämlich auch ein niedrigeres Arbeitslosengeld – oder haben nicht einmal Anspruch darauf. Gerade die Zahl der geringfügig Beschäftigten ist aufgrund der Corona-Krise extrem stark gesunken. Im Mai ging sie in Österreich um 12,6 Prozent bzw. um 43.909 auf 305.628 zurück. Im April lag das Minus bei 17,8 Prozent und im März bei 21,5 Prozent. Damit wurde ein Beschäftigungsniveau wie vor zehn Jahren erreicht. Während Unternehmen noch halbwegs bemüht waren, ihre Kernbelegschaften zu schützen, wurden geringfügig Beschäftigte, die nicht in den Arbeitslosenstatistiken aufscheinen, gekündigt.

Das wahre Fundament unserer Gesellschaft

Gleichzeitig sind es jedoch gerade Frauen, die in jenen Berufen arbeiten, die als systemrelevant eingestuft sind. Für diese Frauen, die im Lebensmittelhandel, in der Pflege, in den Kindergärten, in der Altenbetreuung und der medizinischen Vorsorge arbeiten oder an all diesen Orten für Reinigung und Hygiene zuständig sind, galt während des Shutdowns in Österreich eine Urlaubssperre, weil ohne sie einfach gar nichts geht. Sie hatten noch mehr Arbeit als zuvor und mussten nicht selten 12- bis 14-Stunden-Schichten und unzählige Überstunden absolvieren. Frauen waren und sind die

Heldinnen der Krise und mussten während des Shutdowns ihre Gesundheit riskieren, um die nötigste Infrastruktur für uns alle zu erhalten.

Aber damit nicht genug, denn auch die Kinderbetreuung, das Homeschooling, die Pflege der Älteren und die Versorgung der Angehörigen bleiben fast zur Gänze an uns Frauen hängen. Die Politik hat es sich leicht gemacht und ist davon ausgegangen, dass das schon irgendwie nebenbei mitlaufen kann. Das verdeutlicht auch, was für eine Geringschätzung gegenüber diesen Berufen besteht, wird doch weiterhin davon ausgegangen, dass es einfach möglich wäre, ohne Rechtsanspruch auf bezahlten Urlaub, einen Pflegenotdienst oder Ähnliches alles abzudrehen. So wurden mancherorts Schulen und Kindergärten als Erstes geschlossen, sobald die Infektionszahlen wieder anstiegen – selbst dann, wenn es zu gar keiner Clusterbildung in den Bildungseinrichtungen kam. Während sich Beschäftigte in Hotels und in Schlachtfabriken gegenseitig ansteckten, lief der Betrieb dort unverändert weiter, etliche Schulen und Kindergärten mussten im deutschsprachigen Raum jedoch zusperren. Dass das sowohl für die Kinder als auch für deren Mütter eine Zumutung ist, wurde weiter stur ignoriert – all den Erfahrungen und Erhebungen zum Trotz, die schon nach so kurzer Zeit die extreme Mehrfachbelastung aufzeigten.

Zu müde für die Hausarbeit

Zu müde zu sein, um die Hausarbeit zu verrichten, war das am häufigsten berichtete Problem in einer groß angelegten Eurofound-Onlineumfrage in der gesamten Europäischen Union, die schon während des Shutdowns gestartet wurde.[7] 22 Prozent der Befragten, die mit kleinen Kindern unter 12 Jahren zusammenleben, berichteten über Schwierigkeiten, sich ganz oder auch nur teilweise auf ihre Arbeit zu konzentrieren. Ganz anders sah die Homeoffice-Erfahrung natürlich für diejenigen aus, die in Haushalten ohne oder mit älteren Kindern leben, von ihnen hatten nur 5 bis 7 Prozent Probleme, sich zu Hause auf die Arbeit zu konzentrieren. Allerdings hat über ein Viertel der befragten EuropäerInnen, die zu der Zeit von zu Hause aus arbeiteten, kleine Kinder unter 12 Jahren, weitere 10 Prozent wohnen mit Kindern im Alter von 12 bis 17 Jahren. Für diese Beschäftigten, die das Glück hatten, im Homeoffice zu landen, statt ihre Jobs zu verlieren oder ihre Gesundheit bei der Arbeit riskieren zu müssen, war die Vereinbarung der Betreuung ihrer kleinen Kinder mit ihrer Arbeit schon eine große Herausforderung. Diese Antworten wurden jedoch bis zum heutigen Zeitpunkt nicht nach Geschlecht ausgewertet. Wir können uns wohl alle die Antworten ausmalen, würden nur die Mütter in den Fokus genommen. Denn das österreichische Wirtschaftsforschungsinstitut stellte beispielsweise wenig überraschend schon nach kurzer Zeit fest: „Die Doppelbelastungen durch Beruf und Betreuungspflichten, infolge von Home-Office oder einer Beschäftigung in den systemrelevanten Wirtschaftsbereichen, trifft Frauen stärker als Männer."[8]

Eine Civey-Umfrage im Auftrag des *Tagesspiegels* zeigte zur gleichen Zeit für Deutschland auf, wer der Meinung war, mehr Last im Haushalt zu tragen.[9] Rund 48 Prozent der Frauen gaben an, den größeren Teil der Last zu stemmen, entsprechend wenige Männer, lediglich knapp 10 Prozent, fanden, dass sie den Großteil der Hausarbeit übernehmen. Noch deutlicher zeigte sich die ungleiche Rollenverteilung bei der Kinderbetreuung während des Shutdowns. Rund 66 Prozent der Frauen antworteten, dass sie den Großteil der Betreuungsarbeit ihrer Kinder übernehmen, im Gegensatz dazu sagten dies von sich nur 9 Prozent der Männer. Da sich folglich die Lage für Männer als weniger belastend darstellte, fanden knapp 50 Prozent von ihnen, dass die Aufgaben im Haushalt gerecht verteilt wären, aber lediglich 43 Prozent der Frauen teilten diese Einschätzung. Bei der Kinderbetreuung war der Unterschied noch gravierender:

45 Prozent der Männer antworteten, dass sie sich gleichwertig mit ihrer Partnerin um den Nachwuchs kümmern – so sahen das aber lediglich 29 Prozent der Frauen.

Für Österreich wurde das gesteigerte Ausmaß an unbezahlter Arbeit durch den plötzlichen Verlust von privaten und institutionellen Kinderbetreuungsangeboten während der Corona-bedingten Ausgangsbeschränkungen von einer Gruppe von Wissenschaftlerinnen der Wirtschaftsuniversität Wien erhoben. Auch ihre Ergebnisse fielen ähnlich aus: „Die Zeit der Ausgangsbeschränkungen bedeutete für viele Eltern Stress, Überlastung und das Gefühl unfairer Aufgabenverteilung. Viele Streitigkeiten in Partnerschaften entstanden rund um die Wertschätzung von Kinderbetreuung und Hausarbeit als Arbeit versus Home-Office als Arbeit. Oftmals stand der Konflikt im Mittelpunkt: Welche Tätigkeit ist wie viel wert und wer ‚darf‘ deshalb wie viele Stunden am Tag erwerbstätig sein. […] Rückmeldungen der Befragten, dass derzeitige Tage keine 24 Stunden haben, sondern vielmehr 36 bis 42 Stunden, spiegeln diese Überbelastung wider“, konstatierten die Forscherinnen. „Mein Tag hatte ursprünglich 36 Stunden – ich bin wohl Superwoman“ oder „Eigentlich mache ich fast alles und passe daneben auf die Kinder auf“ sind beispielhafte Kommentare der Umfrageteilnehmerinnen.[10]

Zeitverwendung der Frauen und Männer während des Shutdowns

Zwischen 11 und 15 Stunden pro Tag arbeiteten Frauen und Männer im Beruf und im Haushalt, natürlich hatten die Alleinerzieherinnen unter ihnen mit knapp 15 Stunden die längsten Arbeitstage. Von den 15 Stunden wurden neun Stunden für unbezahlte Kinderbetreuung und Hausarbeit verwendet. Diejenigen von uns, die Kleinkinder haben, wissen ja auch, wie zeitintensiv das ständige Hinterherräumen, Putzen, Kochen, Wäschewaschen und die Unterhaltung unserer Liebsten ist. Auf sich alleine gestellt bedeutet das, rund um die Uhr rotieren zu müssen, keine Minute für sich alleine zu haben und den Nachwuchs selbst auf die Toilette mitnehmen zu müssen, da den Kleinen eine einzige unbeaufsichtigte Minute potenziell reicht, um sich selbst zu gefährden oder die ganze Wohnung zu verwüsten. Dieses Ergebnis überrascht also nicht weiter. Wirklich erschreckend ist allerdings, dass Paarhaushalte mit Nachwuchs auf sehr ähnliche Zahlen kommen. Für die Mütter stellte es kaum eine Entlastung dar, dass auch Papa zu Hause war. Denn sie mussten trotzdem 14 ¼ Stunden schuften, 9 ½ davon unbezahlt, während die Väter knappe 13 ¾ Stunden arbeiteten und keine sieben Stunden davon für unbezahlte Familienarbeit aufwendeten. Gerechter ging es bei Paaren im Homeoffice nur zu, wenn sie kinderlos waren, dann konnten beide knapp acht Stunden ihrer Erwerbsarbeit nachgehen und sich zusätzlich rund drei Stunden der Hausarbeit widmen.[11]

Rückfall in traditionelle Rollenmuster

Auch die Befragungen des Wirtschafts- und Sozialwissenschaftlichen Instituts (WSI) der Hans Böckler Stiftung in Deutschland stellen eine Rückkehr in alte ungerechte Muster fest.[12] Zwar öffneten im Juni viele Kitas und Schulen in Deutschland zumindest zeitweise wieder. Jedoch waren diese wie bei uns von einem Normalbetrieb nach wie vor weit entfernt. Der Schichtbetrieb in den Schulen bedeutete, dass die Kinder nur jeden zweiten Tag oder jede zweite Woche den Unterricht besuchen konnten. Ein normaler Arbeitsalltag war unter diesen Voraussetzungen nicht möglich, die Betreuung der Kinder zu organisieren stellte die meisten Mütter vor eine Zerreißprobe. Wie in der ersten Welle zeigte auch die zweite Befragung des WSI, dass es vor allem die Mütter waren, die die anfallende Betreuungsarbeit übernehmen mussten. Darüber waren sich die befragten Väter und Mütter weitgehend einig. 55 Prozent der Männer meinten, ihre Partnerin würde den größeren Anteil schultern, nur 9 Prozent verorteten die Sorgearbeit vor allem bei sich selbst, etwas mehr als ein Drittel sah eine annähernd gleiche Verteilung. Von den Frauen sagten 62 Prozent, sie würden die Kinderbetreuung in erster Linie selbst übernehmen, 8 Prozent attestierten das ihren Partnern, 30 Prozent sprachen von einer Gleichverteilung. Mit dem Andauern der Krise spitzte sich die Lage zudem noch weiter zu. Gegenüber der Befragung vom April ist der Anteil der in erster Linie betreuenden Väter und der Paare mit ausgeglichener Verteilung im Juni noch einmal gesunken. „Die Befürchtung bleibt, dass sich Mütter und Väter unter dem Druck der Krise wieder an traditionellere Rollenmuster gewöhnen. Wir können da keine Entwarnung geben, und wir sehen spürbare Effekte bei der Arbeitszeit", so Bettina Kohlrausch, Direktorin des WSI.[13] So konnten befragte Väter vor der Corona-Krise durchschnittlich 41 Stunden pro Woche und Mütter 31 Stunden ihrer Erwerbsarbeit nachgehen, während mit Ende Juni die wöchentliche Arbeitszeit der Väter bei durchschnittlich 38 und die der Mütter bei lediglich 26 Stunden lag. Die Differenz stieg also von 10 auf 12 Stunden weiter an, statt sich anzupassen. Für die Frauen bedeutet das vor allem eines: weniger Einkommen, geringere Beiträge für die Sozialversicherung und später auch eine kleinere Pension.

Gewalt in den eigenen vier Wänden

Ein weiterer Belastungsfaktor ist die Gefahr, die für Frauen in den eigenen vier Wänden lauert. Mit der Rückkehr in alte Muster und dem sozialen Rückzug steigt auch die häusliche Gewalt. Amnesty International, die Frauenrechtsorganisation Women's Link Worldwide und die NGO International Planned Parenthood Federation fordern daher Maßnahmen zum Schutz der Rechte von Frauen und Mädchen, die unverhältnismäßig stark unter den Folgen der Pandemie leiden. „Bereits vor der Covid-19-Krise hat jede fünfte Frau in Europa schon einmal Gewalt durch einen Partner in häuslicher Umgebung erlebt. Ausgangssperren und Isolationsmaßnahmen zur Eindämmung des Virus bedeuten ein erhöhtes Risiko für Frauen und Mädchen, Opfer von häuslicher Gewalt durch einen Partner oder andere Familienmitglieder zu werden", warnten die Organisationen bereits im Mai.[14] Leider sollten sie damit Recht behalten. Neusten Daten der Weltgesundheitsorganisation zufolge sind in vielen europäischen Ländern verglichen mit dem Vorjahr bis zu 60 Prozent mehr Notrufe abgesetzt worden.[15] Die OECD berichtet, dass der Missbrauch von Frauen in einigen europäischen Ländern während der Corona-Krise um etwa ein Drittel zunahm.[16] In Italien berichtete das Innenministerium von elf Tötungsdelikten in den elf Wochen des Lockdowns. In Spanien wurden vier Frauen während des Lockdowns getötet. Seit Januar wurden nach Angaben der Regierungsdelegation für geschlechtsspezifische Gewalt in Spanien im Jahr 2020 bisher 25 Femizide verzeichnet, laut Frauenorganisationen sind es sogar doppelt so viele. In Frankreich reichen nur 20 Prozent der Opfer häuslicher Gewalt Klage gegen ihren Angreifer ein, die Vereinigung *Féminicides par compagnons ou ex* protokolliert Frauenmorde jedoch systematisch: Seit Anfang des Jahres waren es etwa 40 Tötungsdelikte.[17]

In Deutschland veröffentlichte die Technische Universität München eine erste große repräsentative Studie zur Gewalt an Frauen und Kindern in der Corona-Zeit zwischen April und Mai.[18] Auch sie kam zu dem erschreckenden Ergebnis, dass es in Familien während der Ausgangsbeschränkungen zu einer markanten Häufung von Gewalt gegen Frauen und Kindern kam. 10,5 Prozent der Kinder und 7,5 Prozent der Frauen, die sich zu Hause in Isolation befanden, wurden demnach Opfer körperlicher Gewalt. Knapp 4 Prozent der Frauen berichteten, während der Ausgangsbeschränkungen von ihrem Ehemann oder Lebensgefährten vergewaltigt worden zu sein. Rund 3 Prozent aller Frauen gaben an, mindestens einmal körperliche Gewalt wie Schläge erlebt zu haben. In 6,5 Prozent aller Haushalte wurden Kinder körperlich bestraft. Besonders drastisch fielen die Ergebnisse in Haushalten mit finanziellen Sorgen aus. In ihnen erlebten mit 8,4 Prozent sogar noch mehr Frauen und knapp 10 Prozent der Kinder körperliche Gewalt. In Familien, in denen einer der Partner aufgrund der Pandemie in Kurzarbeit oder arbeitslos war, erlitten knapp 6 Prozent der Frauen und rund 9 Prozent der Kinder körperliche Gewalt. Überdurchschnittlich stark fiel die Gewalt auch in Familien mit kleinen Kindern unter zehn Jahren aus, wo 6,3 Prozent der Frauen und 9,2 Prozent der Kinder betroffen waren. Am stärksten ausgeprägt war die Gewalt in Familien, in denen ein Partner unter Angst oder Depressionen litt: Unter ihnen wurden knapp 10 Prozent der Frauen und rund 14 Prozent der Kinder Gewaltopfer. Neben der körperlichen erhoben die ForscherInnen auch die emotionale Gewalt – mit ebenso furchtbaren Ergebnissen: Fast 5 Prozent der Männer regulierten die Kontakte ihrer Frauen, darunter auch digitale Kontakte über WhatsApp, Telegram oder andere Messengerdienste. Fast 4 Prozent der Frauen fühlten sich von ihrem Partner bedroht, rund 2 Prozent durften ihr Haus nicht ohne Erlaubnis verlassen.

Ein weiterer Missstand ergab sich aus den stark eingeschränkten Gesundheitsleistungen in Krankenhäusern und

Kliniken. Im Bereich der sexuellen und reproduktiven Gesundheit wurde das Angebot auf ein Minimum reduziert oder gänzlich eingestellt, weil es an Personal fehlte oder dieses an anderer Stelle eingesetzt wurde. Vielerorts war es enorm schwierig geworden, normale klinische Dienstleistungen in Anspruch zu nehmen, Schwangerschaftsabbrüche konnten kaum oder gar nicht durchgeführt werden. Wir sehen also, dass die Corona-Pandemie zu gravierenden Verschlechterungen insbesondere für Frauen geführt hat.

Gewalt während der Corona-bedingten Ausgangsbeschränkungen

Bis zu **60% MEHR NOTRUFE** in europäischen Ländern

1/3 mehr MISSBRAUCH VON FRAUEN

Fassen wir kurz zusammen: Frauen haben seit Beginn der Krise öfter ihre Arbeit verloren. Gleichzeitig sind Frauen überdurchschnittlich häufig in systemrelevanten Branchen beschäftigt und riskieren dort ihre körperliche und psychische Gesundheit für uns alle. Die einen leisten unzählige Überstunden, vielfach unbezahlt, die anderen erhalten weniger Kurzarbeits- bzw. Arbeitslosengeld. Ihre finanzielle Lage hat sich insgesamt betrachtet noch weitaus negativer entwickelt als jene von Männern. Zudem mussten sie während des Shutdowns den Hauptteil der unbezahlten Familienarbeiten und des Homeschoolings übernehmen und ihre alten und kranken Angehörigen versorgen. Außerdem mussten sie im Alltag noch ihre Männer entlasten, damit diese wiederum ungestört im Homeoffice arbeiten konnten. Und als wäre das alles noch nicht schlimm genug, waren sie auch noch steigender häuslicher Gewalt ausgesetzt.

Wenn man sich ansieht, wie die Politik bislang auf diese Entwicklungen reagiert hat, dann muss man einerseits festhalten, dass sie offenbar nicht einmal ansatzweise verstanden hat, was da gerade in den Leben der meisten Frauen passiert. Das erkennen wir etwa an den Dutzenden Unterstützungs- und Verbesserungsbekundungen, die in den allermeisten Fällen lediglich in gebrochene Versprechen mündeten. Und andererseits fehlen ihr nach wie vor, wie leider schon immer, die nötigen Rückkoppelungs-Strukturen, die sicherstellen würden, dass die Perspektiven und Interessen von Frauen in der Bewältigung der Krise berücksichtigt würden. Während Konzerne, Parteigünstlinge und einflussreiche Lobbys in diesen Tagen auf kurzem Weg bei den politischen Entscheidungsträgern die gewünschten Entlastungen für ihre Unternehmen regelrecht bestellen können, bleiben die Leistungsträgerinnen nicht nur ungehört, sondern werden nach wie vor nicht hinreichend unterstützt. Das ist nicht nur zutiefst undemokratisch, sondern verstärkt zudem die Gefahr, dass diejenigen, die schon vor der Krise in Bedrängnis waren, weiter abrutschen. Die Schere öffnet sich weiter, und die Ungleichverteilung nimmt zu. Den Preis dafür zahlen die Frauen, und zwar auf mehreren Ebenen. Oder um es mit den Worten der Europa-Direktorin bei Amnesty International, Marie Struthers, zu sagen: „Europa wird nach Covid-19 nicht mehr dasselbe sein. Die Pandemie stellt eine noch nie dagewesene Krise dar, die schwerwiegende Folgen für die Menschenrechte von Frauen und Mädchen hat. Paradoxerweise geben uns diese dunklen Tage aber auch die Möglichkeit, mehr gegen Diskriminierung und Ungleichheit zu tun."[19] Es ist also noch nicht alles verloren. Doch damit es irgendwann besser werden kann, braucht es zunächst ein umfassendes Verständnis dafür, wie die Arbeits- und Lebensrealitäten von Frauen schon vor der Krise ausgesehen haben – und wie sie sich entwickeln werden, wenn jetzt nicht gehandelt wird.

Dieses Buch soll also keine Abrechnung sein, sondern vielmehr eine Dokumentation des Status quo und die Formulierung dessen, was nötig und möglich wäre, um eine gerechtere Welt für Frauen zu erreichen – getragen von der intakten Hoffnung auf einen strukturellen Wandel. Bevor nun aber die Betroffenen selbst zu Wort kommen, möchte ich noch einen kurzen Blick auf die Grundlagen werfen. Denn wenn eines mehr denn je in der Krise evident geworden ist, dann ist es der Umstand, dass eine erschreckende Unwissenheit darüber besteht, was Frauen tatsächlich alles leisten. Wer aber die Augen vor den Hintergründen verschließt, der kann auch nicht den richtigen Weg einschlagen. Es ist also wichtig, dass wir uns zunächst noch einmal näher mit den Zusammenhängen von bezahlter und unbezahlter Arbeit sowie mit den Auswirkungen vergangener, gegenwärtiger und künftiger Dynamiken auf dem Arbeitsmarkt auseinandersetzen, damit das, was uns einige beeindruckende Frauen aus ihrer persönlichen Erfahrung anschließend erzählen werden, auch richtig verstanden werden kann – denn das haben sie sich mehr als verdient.

DIE HINTER GRÜNDE

DIE HINTERGRÜNDE

Dass Frauen von der Corona-Krise und den Verwerfungen auf dem Arbeitsmarkt heute so viel härter getroffen werden als Männer, ist schlicht darin begründet, dass sie schon bisher schlechter gestellt waren und daher in einer verletzlicheren Lage sind. Unbezahlte Arbeit, unterbezahlte Arbeit, Diskriminierung auf dem Arbeitsmarkt – immer sind es die Frauen, die es am härtesten trifft. Darum eines gleich vorweg: Ja, den Gender-Pay-Gap gibt es tatsächlich. In Branchen und Berufen, die von Frauen dominiert sind, ist die Entlohnung schlechter, Frauen erhalten seltener die Möglichkeit, in Führungspositionen zu gelangen, sie arbeiten öfter in Teilzeit, und sie werden aktiv benachteiligt, einfach nur, weil sie Frauen sind. Wäre unsere Gesellschaft nicht schon zuvor von diesen Ungerechtigkeiten bestimmt gewesen, dann hätte die Corona-Krise uns Frauen auch nicht so extrem hart getroffen. Die unterschiedlichen Schlechterstellungen haben einen derart erheblichen Einfluss auf die Lage und das Leben von uns Frauen, dass ich sie an dieser Stelle noch einmal zusammenfassen muss.

Allen voran fehlt es uns Frauen an Zeit – nicht nur für uns selbst, unsere Bildung und Weiterbildung, sondern auch für Erwerbsarbeit, denn wir leisten immer noch den Großteil der unbezahlten Arbeit. Dabei geht es um Leistungen, die zwingend in einer Gesellschaft erbracht werden müssen, für die es aber kein Geld gibt. Von der Haushaltsarbeit über Kindererziehung und Lernbetreuung bis hin zur Pflege findet diese unbezahlte Arbeit vorwiegend in der Familie statt. Das macht sie beinahe unsichtbar, doch sie hat massive Auswirkungen auf die reguläre Arbeitswelt. Dass die Arbeit in der Familie vorwiegend von Frauen geleistet wird, entlastet Männer zeitlich, aber belastet Frauen finanziell. Männer haben die nötige Zeit, um Vollzeit zu arbeiten, an ihren Karrieren zu schrauben und neben Überstunden nach der Arbeit auch noch Netzwerkarbeit mit ihren Kollegen zu leisten, Frauen hingegen nicht, weil ihnen immer noch allzu oft die alleinige Verantwortung für die Kindererziehung und den Haushalt zugeschoben wird. Frauen übernehmen den Großteil der Familienarbeit aus Pflichtgefühl und Liebe, aber auch, weil sie es müssen – weil es immer noch von ihnen erwartet wird und weil sie trotz ihrer Leistungen auch auf dem Arbeitsmarkt diskriminiert und schlechter bezahlt werden. Es ist ein Teufelskreis: Mit weniger Zeit für weniger Geld wird das Einkommen der Frauen immer noch allzu oft auf einen „Zuverdienst" reduziert. Frauen werden schlechter bezahlt, weil sie kürzer arbeiten, und Frauen arbeiten kürzer, weil sie schlechter bezahlt werden. Und das hat negative Folgen – nicht erst im Alter, aber spätestens dann.

Zeit ist Geld

Dokumentiert wird diese Tatsache unter anderem durch Zeitverwendungserhebungen, die zeigen, wie viel Zeit Frauen und Männer für die Aktivitäten ihrer verschiedenen Lebensbereiche aufwenden. In Deutschland wurde die letzte Zeitverwendungserhebung im Jahr 2012/2013 durchgeführt.[1] Damals verbrachten Erwachsene im Schnitt rund 24,5 Stunden pro Woche mit unbezahlter Arbeit und rund 20,5 Stunden mit Erwerbsarbeit. Frauen arbeiteten mit rund 45,5 Stunden insgesamt eine Stunde mehr als Männer, allerdings leisteten Frauen zwei Drittel ihrer Arbeit unbezahlt, Männer hingegen weniger als die Hälfte. Deutlich unterschied sich die Zeitverwendung auch zwischen Haushalten mit und ohne Kind. Eltern zwischen 18 und 64 Jahren arbeiteten viel länger als kinderlose Menschen, durchschnittlich um rund 9,5 Stunden mehr, vor allem weil bei ihnen um 10,5 Stunden mehr unbezahlte Arbeit durch Kinderbetreuung und Haushaltsführung anfällt. Zumindest gilt das für die Mütter. Sie hatten pro Woche in der Regel sieben Stunden weniger Zeit für Erwerbsarbeit und leisteten dafür 15 Stunden mehr unbezahlte Arbeit als kinderlose Frauen. Väter hingegen nahmen sich sowohl sieben Stunden mehr Zeit für bezahlte Arbeit als auch vier Stunden mehr für unbezahlte Arbeit als kinderlose Männer.

In Österreich liegt die letzte Zeitverwendungsstudie leider noch länger zurück, weil weder die vorige noch die aktuelle Regierung Geld für die Erhebung investieren wollte. Hier müssen wir uns daher mit Daten von 2008/2009 zufriedengeben.[2] Die Ergebnisse ähneln jenen in Deutschland stark, denn auch in Österreich nutzten Männer pro Tag rund 1 ¾ Stunden mehr Zeit für Erwerbsarbeit als Frauen, die wiederum für Kochen, Putzen und Wäschewaschen rund 1 ¾ Stunden mehr Zeit aufwendeten. Die StudienautorInnen bringen es in ihrem Endbericht auf den Punkt: „Unsere Zeit ist kostbar! […] Hausarbeit ist Frauensache! Der dominierende Anteil der Frauen bei der Hausarbeit zeigt, dass nach wie vor eine geschlechtsspezifische Arbeitsteilung bei der Hausarbeit vorherrscht." Und bei der Kinderbetreuung gelte insgesamt: „Frauen sorgen, Männer spielen."[3] Tätigkeiten, die die Körperpflege des Kindes betreffen und mitunter weniger Spaß machen, wie Baden, Zähneputzen und Wickeln, werden doppelt so häufig von Frauen wie von Männern verrichtet. Auch das Füttern, Kuscheln und Lernen sowie die Beaufsichtigung zu Hause oder auf dem Spielplatz und das Begleiten des Kindes zu Schul- oder Freizeitveranstaltungen sind Tätigkeiten, die anteilsmäßig von mehr Frauen als Männern ausgeübt werden. Lediglich beim Spielen mit dem Kind besteht kein so gravierender Unterschied zwischen den Geschlechtern. Frauen arbeiten also länger, übernehmen

43

die mühsameren Tätigkeiten, verlieren dadurch Zeit für bezahlte Arbeit und haben auch noch weniger Zeit für sich selbst. Schließlich blieb Männern für Freizeitaktivitäten schon 2008 über eine halbe Stunde mehr Zeit als Frauen. Dass uns die Rollenverteilung während der Corona-Pandemie noch weiter zurückwirft, wird diesen Missstand noch verschärfen.

Dementsprechend typisch ist Teilzeitarbeit für Frauen. In Österreich arbeiteten 2019 durchschnittlich rund 48 Prozent der Frauen in Teilzeit. Demgegenüber lag der Anteil der erwerbstätigen Männer, die eine Teilzeitbeschäftigung ausüben, bei nur 10,7 Prozent. Auch absolut betrachtet arbeiten mit rund 970.000 Frauen wesentlich mehr Frauen in Teilzeit als die knapp 250.000 Männer – Tendenz steigend und das schon seit über 15 Jahren, denn die Teilzeitquote hat sich seit 2004 von rund 21 Prozent auf 28 Prozent erhöht. Von den insgesamt rund 1,88 Millionen erwerbstätigen Frauen in Österreich haben wiederum knapp 500.000 Kinder unter 15 Jahren. Der mit 77 Prozent überwiegende Teil dieser erwerbstätigen betreuungspflichtigen Frauen arbeitet in Teilzeit, nur rund 23 Prozent haben eine Vollzeitbeschäftigung.[4] Auch in Deutschland ist die Teilzeitquote, also der Anteil der Beschäftigten, die in Teilzeit arbeiten, in den letzten Jahren deutlich gestiegen, inzwischen liegt sie bei rund 29 Prozent. Insgesamt arbeiteten im Jahr 2019 11,2 Millionen Beschäftigte in Teilzeitjobs, etwa 80 Prozent davon Frauen. Wie in Österreich arbeiteten rund 48 Prozent, also fast die Hälfte aller unselbstständig beschäftigten Frauen, in Teilzeit, aber lediglich 11,5 Prozent der Männer. Die meisten Frauen sind nicht nur in Teilzeit oder geringfügig angestellt, weil sie eben durch Betreuungspflichten keine Zeit für einen Vollzeitjob haben, sondern auch, weil in frauendominierten Branchen einfach kaum Vollzeitstellen angeboten werden – so wie in frauendominierten Branchen allgemein schlechtere Arbeitsbedingungen herrschen und niedrigere Löhne gezahlt werden.[5]

Erwerbstätige in Österreich, die eine
Teilzeitbeschäftigung ausüben (Durchschnitt):

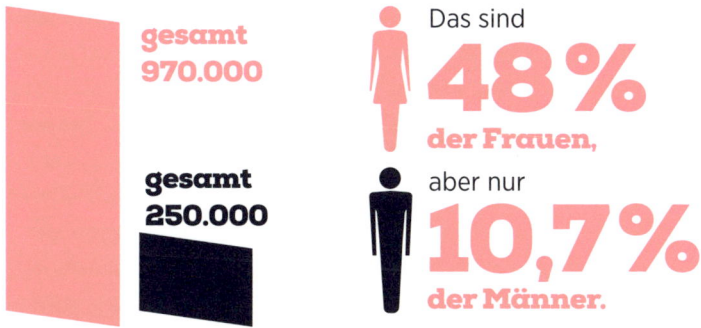

gesamt
970.000

Das sind
48%
der Frauen,

gesamt
250.000

aber nur
10,7%
der Männer.

Hungerlöhne

Gerade während des Shutdowns hat sich gezeigt, dass der gesellschaftliche Wert von Arbeit und ihre Entlohnung leider kaum miteinander zu tun haben. Zwar sind viele frauendominierte Berufe für das Funktionieren unserer Gesellschaft dringend notwendig, aber die Bezahlung ist trotzdem schlecht. Die Frauen, die den ganzen Frühling über als Heldinnen beklatscht wurden, warten noch heute auf eine gerechte Entschädigung der Regierung für die Gefährdung ihrer Gesundheit und ihren Einsatz für die Gemeinschaft. Im Lebensmittelhandel, wo in Österreich mit 77 Prozent mehr als drei Viertel der Beschäftigten Frauen sind, liegt ihr mittleres Jahreseinkommen bei nur 16.900 Euro brutto. Als „Dankeschön" haben bisher ein paar von ihnen Einkaufsgutschriften im Wert von 100 bis 200 Euro in den Filialen erhalten, in denen sie arbeiten. Andere haben von ihren Arbeitgebern eine Pauschale von 10 Prozent ihres Einkommens oder auch gar nichts bekommen. Noch schlechter geht es den Frauen in der nun boomenden Reinigungsbranche. Auch dort machen sie 88 Prozent aller Beschäftigten aus.

Sie sind dafür verantwortlich, unser aller Ansteckungsrisiko zu minimieren, indem sie putzen, waschen und desinfizieren, was das Zeug hält. In keinem Krankenhaus, Altersheim, Büro oder einer Fabrik könnte ohne sie gearbeitet werden. Ihr mittleres Jahreseinkommen liegt bei nur 12.900 Euro brutto pro Jahr.[6] Doch Reinigungskräfte waren und sind für die Politik dermaßen unsichtbar, dass für sie nicht einmal eine Entschädigung gefordert wurde. Sie putzen frühmorgens, wenn die meisten Menschen noch schlafen, selbst auf ein „Dankeschön" warten die meisten von ihnen vermutlich bis heute. Und mit diesen Beispielen von schlecht bezahlten weiblich dominierten Berufen könnte ich ewig weitermachen: Auch in der Krankenpflege, zu 85 Prozent weiblich, liegt das mittlere Jahreseinkommen bei nur 33.700 Euro brutto jährlich, in Pflegehilfeberufen, wo 87 Prozent Frauen arbeiten, bei niedrigen 26.700 Euro brutto und so weiter.[7] Sie alle haben von der Regierung – trotz vollmundiger Versprechen – bisher nichts bekommen. Es ist traurig, aber es ist typisch. Sobald eine Leistung vorwiegend von Frauen erbracht wird, scheint sie den Entscheidungsträgern – die fast immer männlich sind – nichts wert zu sein. Frauen müssen folglich mit viel weniger Geld über die Runden kommen und sind zu einem hohen Anteil immer noch abhängig von den Einkommen ihrer Partner.

In Deutschland sind die Einkommen von Frauen sogar so niedrig, dass nur 10 Prozent von ihnen zwischen 30 und 50 Jahren mehr als 2.000 Euro netto monatlich bezahlt bekommen. Frauen verdienen durchschnittlich 16 Euro pro Stunde, Männer rund 4 Euro mehr.[8] Die Ursachen sind seit Jahren bekannt und ändern sich doch nicht. Denn auch abseits der Arbeitszeit sind Frauen auf dem Arbeitsmarkt mehrfach schlechter gestellt. So gibt es nicht nur einen direkten Zusammenhang zwischen dem Geschlechterverhältnis und dem durchschnittlichen Verdienst in einer Branche, auch innerhalb einzelner Berufsgruppen werden sie benachteiligt und schlechter entlohnt.

46

So werden Frauen von Arbeitgebern von Anfang an schlechter eingestuft, sie haben schlechtere Aufstiegschancen, sie erhalten weniger Zulagen, und selbst Überstunden werden ihnen seltener ausbezahlt als Männern.[9] Wie wesentlich der Einfluss von Überstunden auf das Einkommen ist, wird meist weit unterschätzt. 2019 haben Vollzeiterwerbstätige in Österreich rund 1,3 Überstunden pro Woche und Teilzeiterwerbstätige sogar 7,1 Überstunden geleistet. Davon wurden bei Weitem nicht alle bezahlt oder durch einen entsprechenden Zeitausgleich mit Zuschlägen abgegolten. Nur sechs Überstunden pro Woche wurden 2019 durchschnittlich auch kompensiert – ein guter Deal für die Unternehmen, die Beschäftigten zahlen dabei aber ordentlich drauf. Betroffen sind von dieser Abzocke vor allem Frauen, bei ihnen liegt der Anteil der unbezahlten Überstunden mit knapp 22 Prozent deutlich höher als bei Männern mit 12 Prozent.[10] Das mag auch damit zu tun haben, dass auch heute noch Vorgesetzte nicht selten davon ausgehen, dass ein Fraueneinkommen „bloß ein Zusatzeinkommen" ist und der Löwenanteil des Haushaltseinkommens ohnehin vom Partner erwirtschaftet wird. So werden Frauen in die Abhängigkeit von ihren Partnern bzw. in die Armut getrieben. Selbst Frauen, die gerne eine Vollzeitbeschäftigung hätten und sich beruflich nach oben arbeiten möchten, bleibt diese Möglichkeit allzu oft verwehrt.

Bruttojahreseinkommen von ganzjährig Vollzeitbeschäftigten

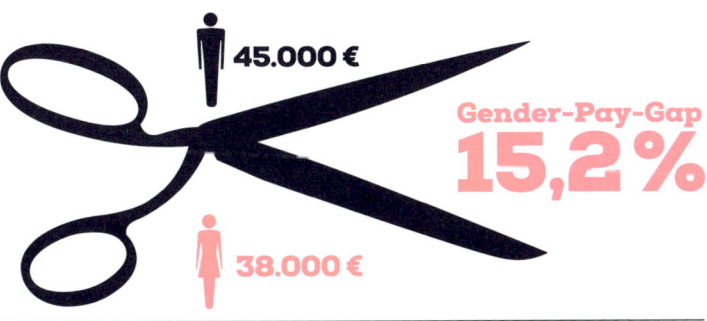

Das Bruttojahreseinkommen der Frauen beträgt in Österreich rund 22.000 Euro, jenes der Männer 35.000 Euro. Beschränkt man den Vergleich rechnerisch nur auf ganzjährig Vollzeitbeschäftigte, dann liegen die Bruttojahreseinkommen der Frauen mit rund 38.000 Euro um 15,2 Prozent unter jenen der Männer, die rund 45.000 Euro verdienen. Betrachtet man die Bruttostundenverdienste von Frauen und Männern, um Beschäftigte unabhängig von ihrer Arbeitszeit miteinander vergleichen zu können, so liegt der Einkommensunterschied sogar bei 19,6 Prozent.[11] Werden rechnerisch noch Merkmale wie Branche, Beruf, Bildungsniveau, Alter, Dauer der Unternehmenszugehörigkeit, Vollzeit/Teilzeit, Art des Arbeitsvertrags, Region und Unternehmensgröße berücksichtigt, dann reduziert sich der Lohnunterschied zwischen Frauen und Männern gerade mal auf 13,6 Prozent. Das bedeutet, dass mehr als die Hälfte des Einkommensunterschieds, also des sogenannten Gender-Pay-Gaps, auch unter Berücksichtigung aller erdenklichen sachlichen Faktoren nicht erklärt werden kann. Es handelt sich dabei schlichtweg um Diskriminierung. In Deutschland liegt der durchschnittliche Bruttostundenverdienst von Frauen um rund 21 Prozent unter jenem der Männer. Der Gender-Pay-Gap ist in unserem Nachbarland seit Jahren konstant und ändert sich nicht, besser sieht es nur in Ostdeutschland aus, wo er bei nur 7 Prozent liegt. Nichtsdestotrotz liegen sowohl Österreich als auch Deutschland weiterhin deutlich über dem EU-Durchschnitt von 15,7 Prozent.[12]

Prekäre Arbeit

Zusätzlich zum geringeren Arbeitszeitausmaß und der schlechteren Bezahlung haben Frauen auch noch häufiger „atypische" Dienstverträge, sind also geringfügig, als Freelancerinnen, scheinselbstständig oder befristet beschäftigt. In Österreich ist unter Miteinbezug von Teilzeit sogar mehr als jede zweite und in Deutschland jede dritte erwerbstätige Frau „atypisch" beschäftigt. Dadurch werden sie nochmals schlechter bezahlt und leiden stärker unter finanziellen Einschnitten. Denn atypische Dienstverträge sind mitunter hauptverantwortlich für die Ausbreitung prekärer Vertragskonstruktionen. Sie bieten durch die ihnen innewohnende fehlende Sicherheit und Regulierung auch Raum für eklatante Ungleichbehandlung von Frauen. Je schlechter reguliert das Arbeitsverhältnis ist, umso stärker werden Frauen diskriminiert.

So sind beispielsweise schon beim Berufseinstieg 75 Prozent der verpflichtenden Praktika von Studentinnen in Österreich unbezahlt, während 54 Prozent der Studenten bezahlt werden.[13] Ebenso ist es bei der sozialen Absicherung, denn nur 28 Prozent der Praktikantinnen, aber 50 Prozent der Praktikanten sind sozialversichert.[14] Von rund 378.000 geringfügig Beschäftigten in Österreich ohne Arbeitslosenversicherung im Februar 2020 waren mehr als die Hälfte Frauen. In allen Altersgruppen, außer bei den über 70-Jährigen, werden mehr als 50 Prozent der geringfügigen Beschäftigungen von Frauen ausgeübt, in den meisten Altersgruppen sind es sogar über 60 Prozent.[15] Und auch in Deutschland sind unter den MinijobberInnen 61 Prozent Frauen.

Und selbst die Einkünfte aus Werkverträgen liegen bei Frauen in Österreich mit 8.788 Euro brutto im Schnitt deutlich niedriger als bei Männern, die mit 15.171 Euro brutto fast doppelt so viel pro Jahr verdienen.[16] In Deutschland erzielen Soloselbstständige in frauendominierten Branchen wie freiberufliche Lehrkräfte im Bereich Kultur und Sport ein durchschnittliches Jahreseinkommen von nur 9.960 Euro. Selbstständige KinderbetreuerInnen, also vor allem Tagesmütter und ein paar Tagesväter, kommen nur auf ein durchschnittliches Jahreseinkommen von 13.300 Euro, was monatlich in etwa mickrigen 1.100 Euro entspricht. Selbstständige in männlich dominierten Branchen sind hingegen absolute SpitzenverdienerInnen. Notare und Notarinnen kommen beispielsweise im Durchschnitt auf ein Jahreseinkommen von 356.000 Euro – oder anders ausgedrückt: auf 37,4 Jahresgehälter einer Kinderpflegerin.[17] Das bedeutet, selbst innerhalb der Gruppe der prekär Beschäftigten sind es wieder die Frauen, die unter noch schlechteren Arbeitsbedingungen leiden. Frauen sind also immer diejenigen, die das kleinste Stück vom Kuchen bekommen. Doch niedrige Löhne führen zu einer noch niedrigeren Altersvorsorge. Wer in Deutschland 40 Jahre lang weniger als 1.200 Euro verdient, erhält später nur rund 490 Euro Rente.

Prekäre Beschäftigungsformen und Niedriglohnsektor nach Geschlecht

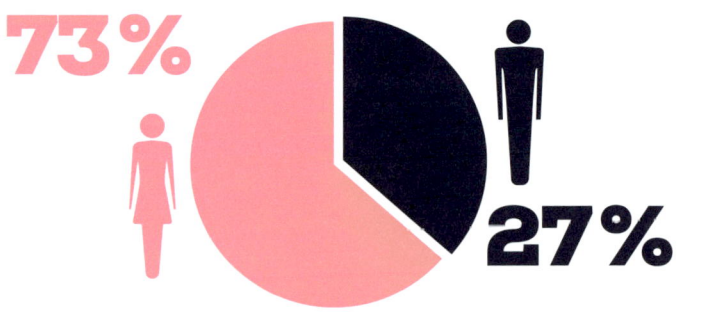

Altersarmut

Auch heute, hier und jetzt im Jahr 2020, haben Frauen immer noch Angst davor, im Alter in Armut leben zu müssen – zu Recht, denn Altersarmut ist im deutschsprachigen Raum ganz klar weiblich. Die Armutsquote bei über 65-jährigen Frauen ist doppelt so hoch wie bei Männern, das Einkommen von Frauen liegt in diesem Alter rund dreimal so häufig unter der Armutsgrenze. Der Verlust durch berufliche Auszeiten infolge von Kinderbetreuung und anschließender Teilzeitbeschäftigung beträgt nicht selten bis zu 50 Prozent der Pensionshöhe. Mehr als ein Viertel der allein lebenden über 65-jährigen Frauen in Österreich ist arm, also erheblich materiell benachteiligt.[18] Sie können demnach teilweise ihre Wohnung im Winter nicht warm halten, ihre regelmäßigen Rechnungen nicht begleichen, unerwartete Reparaturen nicht bezahlen oder sich schlicht keinen Fernseher, keine Waschmaschine oder kein Mobiltelefon leisten. Kein Wunder, denn während Männer eine durchschnittliche Pension von rund 1.600 Euro beziehen, liegt die Pension der Frauen im Schnitt bei nur knapp 920 Euro pro Monat. Noch schlechter fällt ihre Medianpension mit rund 870 Euro pro Monat aus. Die Tatsache, dass die Hälfte aller Frauen eine noch kleinere Pension als diese 870 Euro pro Monat erhält, ist erschütternd. Dass Frauen um über 40 Prozent weniger Pension bekommen als Männer, ist ein unerträglicher Zustand. Verantwortlich dafür sind vor allem zwei Faktoren: Zeit und Geld. Jedes Jahr, in dem nicht in die Pensionsversicherung eingezahlt werden kann, kostet Geld – das gilt auch für jede Babypause. Wegen dieser für das Pensionssystem „verlorenen" Jahre liegt die Zahl der durchschnittlichen Beitragsjahre der neu zuerkannten Alterspensionen bei Frauen im Schnitt zehn Jahre unter der von Männern. Eine Erwerbslücke von einem Jahr reduziert die spätere Monatspension um rund 2,8 Prozent. Auch eine einjährige Erwerbslücke, die durch Kindererziehungszeiten „gedeckt" ist, führt immer noch zu einer um rund 1 bis 2 Prozent reduzierten Monatspension. Und weil (Klein-)Kinder nach der Karenz und auch sonst von ihren Eltern immer noch betreut werden wollen und müssen, wächst das Pensionsminus mit der folgenden Teilzeitarbeit weiter mit. Selbiges gilt für Deutschland: Rund 17 Prozent der über 65-Jährigen dort gelten als arm, betroffen sind davon vor allem Frauen, denn auch in der Bundesrepublik bekommen Männer im Ruhestand deutlich mehr Geld. Die Altersrente von Männern liegt im Schnitt bei rund 1.150 Euro, die der Frauen bei nur 711 Euro monatlich. In keinem anderen europäischen Land ist die Differenz in der Altersvorsorge zwischen den Geschlechtern so hoch und tragen Frauen während ihres Erwerbslebens weniger zum Haushaltseinkommen bei.

So viel zu den nackten Zahlen und altbekannten Tatsachen. Und nun stecken wir mitten in der Krise, die uns um Jahrzehnte zurückzuwerfen droht. Nicht wenige Frauen hatten während des Shutdowns das Gefühl, wieder in den Fünfzigerjahren aufgewacht zu sein. Die vermeintliche Gleichberechtigung in der Partnerschaft war ohne institutionalisierte Kinderbetreuung und Putzfrau auf einmal Geschichte. Das Lob und Klatschen der ersten Wochen blieb ohne Folgen, die Krisenmaßnahmen werden von Männern für Männer gemacht. Die Leistungen der Frauen werden weit unterschätzt und als selbstverständlich abgetan. Doch was all das tagtäglich für Frauen bedeutet und wie unfassbar belastend ihr Alltag ist, was für schier unvorstellbare Leistungen sie laufend erbringen, weil sie es müssen, das können uns Daten nicht erklären. Wer wirklich verstehen möchte, wie sich das Versagen im Krisenmanagement und die Untätigkeit unserer Regierungen auswirken, der muss denjenigen zuhören, die es betrifft und die es für uns alle ausbügeln: die wahren Leistungsträgerinnen unserer Gesellschaft, die uns unerkannt, unbezahlt und unbedankt durch jede Krise tragen.

DIE
FAMILIEN
ERHALTERIN

DIE FAMILIEN ERHALTERIN

„Da bist du 44 Jahre alt, hast nie aufgegeben, hast endlich Perspektiven, beginnst zu planen, was für dich vorher durch Armut gar nicht möglich war, und dann stehst du wieder an einem Punkt, an dem du alles bisher Erreichte umdenken, neu planen, teils aufgeben musst", erzählt mir Denise frustriert. An einem Wochenende Anfang Juli haben wir uns beide eine Stunde freigeschaufelt, um zu telefonieren, aber die Zeit wird nicht reichen, um alles Wesentliche zu besprechen.

Vier Jobs benötigt Denise, um sich und ihre Familie nicht nur über Wasser, sondern auch endlich über der Armutsgrenze zu halten. Die Erinnerung an die Zeiten, in denen sie kaum dazu in der Lage war, ihre Kinder satt zu bekommen, und die Familie kurz vor der Delogierung stand, weil sie und ihr Mann die Miete nicht mehr bezahlten konnten, sind noch frisch. Kein Tag vergeht, ohne dass sie an die Angst und die Verzweiflung denken muss, die ihr Leben jahrelang bestimmten. Die Armut war wie eine schwere, dicke, schwarze Decke, die sich über ihren Körper spannte und ihr die Luft zum Atmen nahm. Nie wieder will sie so leben müssen, nie wieder sollen ihre Kinder so leben müssen. Dafür kämpft sie jeden Tag, seit Corona noch getriebener als zuvor.

Die „Armutsgrenze", das ist für Denise nichts Abstraktes, auch nicht einfach nur ein Richtwert, der angibt, dass das eigene Einkommen unter 60 Prozent des mittleren Pro-Kopf-Einkommens der ÖsterreicherInnen liegt. Wenn sie und ihre Familie unter dieser Grenze landen, dann ist ihr Leben ein vollkommen anderes. 1.286 Euro sollte ein Ein-Personen-Haushalt demnach monatlich zur Verfügung haben. Bis Dezember 2019 mussten ihre vier Kinder, ihr Mann und sie selbst noch mit einem Familieneinkommen von nur 1.300 Euro monatlich überleben. Die einzigen Transferleistungen, die sie zusätzlich bezogen, war die Familienbeihilfe für ihre Kinder. Wie sie das geschafft haben, das verblüfft rückblickend auch sie.

Armutsgrenze

Ein Richtwert, der angibt, dass das **eigene Einkommen** **unter** **60%** des mittleren Pro-Kopf-Einkommens der ÖsterreicherInnen liegt. **1.286 €** **770 €**

Die ersten Wochen ohne extremen Sparzwang ließen sie wieder frei atmen und gaben ihr ein Gefühl von Leichtigkeit zurück, das sie gar nicht mehr kannte. Doch dann kam Corona, und ein großer Teil dieser Leichtigkeit war plötzlich wieder weg, ebenso wie einer ihrer Jobs und ihr gesundheitliches Wohlbefinden. Von der Regierung fühlt sie sich komplett im Stich gelassen, und das kritisiert sie so offen wie laut. Die Steirerin erzählt mir mit fester Stimme: „Ich strample mich ab, wie es nur geht, und versuche wirklich alles, um meine Familie zu erhalten, aber von der Politik bekomme ich dabei mehr Steine in den Weg gelegt als Hilfe." Sie hat viel durchgemacht, zerbrochen ist sie daran nicht. Es hat sie stark gemacht, weil sie für ihre Familie stark sein musste. Die Zeiten, in denen Denise unsicher war und sich nicht getraut hat, ihren Unmut und ihre

Enttäuschung kundzutun, sind vorbei. Nach allem, was sie in den letzten Jahren bewältigt hat, weiß sie, was sie kann und wer sie ist.

Die Armutsfalle

Vier Kinder und eines davon chronisch krank, das sind schlechte Voraussetzungen für ein solides Einkommen. Denise musste für ihre Kinder flexibel sein, und das schmeckte den meisten Arbeitgebern ganz und gar nicht. Es war schwer für sie, einen Job zu finden, und noch schwerer, ihn zu behalten. Die Familie war daher in der Vergangenheit fast vollständig auf das Einkommen ihres Mannes Karl angewiesen. Sein Einkommen als selbstständiger Tischler machte sie zwar nicht wohlhabend, aber es ging sich aus, solange Denise zusätzlich geringfügig jobbte. Dann kam 2008 ihre jüngste Tochter Stefanie mit einer angeborenen Lücke im Zwerchfell zur Welt. Ihre Bauchorgane hatten sich dadurch in den Brustkorb verschoben und die Lunge im Wachstum behindert. Die Kleine musste mehrmals operiert werden, benötigte viel Pflege und war immer wieder krank, aber sie hat es zum Glück gut überstanden. Weil sie in den ersten Jahren jedoch nie länger als lediglich eine Stunde im Kindergarten bleiben konnte, war Erwerbsarbeit für Denise nicht mehr möglich. 2010 zog dann noch die an Demenz erkrankte Oma zu ihnen, die keinesfalls in ein Pflegeheim wollte. Eine 24-Stunden-Pflege hätten sie sich niemals leisten können, also übernahm Denise fortan auch das.

Bis 2012 ging das noch alles einigermaßen gut, aber dann erkrankte auch Karl. Nach einem schweren Burnout konnte er nicht länger als Tischler arbeiten und begann, 30 Stunden pro Woche Drucksorten für eine Druckerei auszufahren. Statt einer richtigen Anstellung bekam er nur einen freien Dienstvertrag ohne bezahlten Urlaub, ohne Einkommen bei Krankheit und ohne Mindestlohn. Damals waren die beiden noch der Meinung, ein mieser Job wäre besser als gar keiner. Die Familie rutschte unter die Armutsgrenze. Es begann eng für sie zu werden, aber sie schlugen sich durch. Nachdem 2014 die Oma verstorben war, begann Denise, zusätzlich als Tagesmutter zu arbeiten, und betreute bei sich zu Hause Spielgruppen, um ihr Einkommen aufzubessern. Doch 2015 beschloss Karls Chef, die Abrechnung zu verändern und ihn nicht mehr wie zuvor auch nach Stückzahlen, sondern nur noch nach einem mickrigen Stundenlohn zu bezahlen. Sein Einkommen reduzierte sich so von knapp 1.800 auf 1.000 Euro monatlich, in manchen Monaten sogar auf nur 800 Euro. Für eine sechsköpfige Familie war das viel zu wenig, es reichte hinten und vorne nicht mehr. Denise machte sich verzweifelt auf die Suche nach einem weiteren Teilzeitjob – drei Jahre lang ohne Erfolg. Niemand wollte eine Mutter mit vier Kindern einstellen, von denen eines auch noch eine besondere Betreuung benötigte.

Denise hätte sich das nie vorstellen können, aber so ist es passiert, und so sind sie alle innerhalb kürzester Zeit in die Armutsfalle geraten. Drei Jahre lang lebten sie von der Hand in den Mund, mit ständiger Angst, Depression und schlaflosen Nächten. Mit zum Schlimmsten zählte für sie die Scham, die sie damals empfand. Immer wieder machte sie sich Gedanken darüber, was sich wohl die Nachbarn über ihre alte Schrottkarre in der Auffahrt, ihre abgetragene Kleidung oder ihre Schuhe dachten. Dazu kam diese Unsicherheit, ob man ihr wohl ansah, dass sie sich schon lange keinen Besuch beim Frisör mehr hatte leisten können. Und natürlich zerbrach sich Denise ständig den Kopf darüber, wie sie noch weiter sparen und doch irgendwie satt werden konnten. Um sich die Miete noch leisten zu können, begann sie, auch für ihren Vermieter den Haushalt zu schmeißen. Sie putzte, kochte und übernahm die Betreuung samt Nachhilfe für seine Kinder, um die Miete zu reduzieren. So mussten sie statt 600 nur noch 300 Euro Miete bezahlt. „Gemüse und Obst konnte ich in unserem

Garten zum Glück selbst anbauen. Bei den restlichen Lebensmitteln wartete ich immer, bis sie auf 50 Prozent reduziert waren. Was ich gerade günstig bekommen konnte, kochte ich dann. Ich hatte nicht einmal Winterschuhe, und das in der tiefsten Südoststeiermark! Für die Kinder kaufte ich beim Volkshilfeshop ein. Ich möchte diese Zeit nie, nie, nie wieder erleben. Oft war es so, dass ich nicht einmal das Geld für Mehl hatte. Es war ein Horror, ehrlich", schildert sie ihren damaligen Kampf ums Durchkommen. Vor Kurzem erst, im Oktober 2019, als Denise zusätzlich zu ihren drei Minijobs endlich auch einen ordentlichen Teilzeitjob fand, schafften sie es aus dieser Hölle raus – doch dann kam Corona.

Kein Fall für den Härtefallfonds

Durch die Vorerkrankung ihrer jüngsten Tochter Stefanie hatte der Ausbruch der Corona-Pandemie einen ebenso plötzlichen und drastischen wie dramatischen Einfluss auf ihr Leben. Der Alltag der ganzen Familie wurde auf den Kopf gestellt. Denn neunmal hatte Stefanie in ihrem elfjährigen Leben schon eine schwere Lungenentzündung und davon überdies einen dauerhaften Lungenschaden. Jahrelanger Lungenhochdruck führten bei ihr dazu, dass sie bis heute keiner Belastung ausgesetzt werden darf. Sie konnte noch bei keinem einzigen Wandertag in der Schule dabei sein, am Turnunterricht teilnehmen oder auf dem Spielplatz herumtoben wie andere Kinder, und sie muss besonders auf ihren Körper achtgeben. Unter normalen Umständen ist das ein Nachteil, aber keine unüberwindbare Schwierigkeit. Wenn ein potenziell tödliches Virus sein Unwesen treibt, das insbesondere auf die Lunge geht, ist das allerdings vollkommen anders. Jetzt muss Stefanie vor wirklich jeder möglichen Ansteckungsgefahr ferngehalten werden. Sie ist eine Hochrisikoperson und könnte eine Erkrankung womöglich nicht überstehen. Seit 11. März ist sie daher nicht mehr in der Schule und auch sonst nirgends, wo sie mit anderen Menschen in Berührung kommen könnte. Das Gleiche gilt für ihre Geschwister, denn auch sie könnten das Virus mit nach Hause bringen.

Denise arbeitet seitdem so weit möglich von zu Hause aus. Karl, der seine Arbeit nicht von zu Hause aus ausüben kann, hat nach ärztlicher Empfehlung natürlich versucht, sich freistellen zu lassen. Aber in Österreich haben die Eltern von chronisch kranken Hochrisikokindern kein Recht auf besonderen Schutz während der Corona-Krise. Sie haben nicht einmal das Recht auf Homeoffice, selbst wenn dies problemlos möglich wäre, geschweige denn auf eine bezahlte Freistellung. Sie müssen trotzdem arbeiten gehen, auch wenn sie damit das Überleben ihrer eigenen Kinder gefährden. Wer sich nun denkt: „Da würde ich kündigen", der bedenkt nicht, dass die Familie auf jeden einzelnen Euro angewiesen ist und eine Kündigung finanziell nicht verkraften würde. Sie wäre sofort wieder in Existenznot, und Denise wüsste wieder nicht, wie sie ihre Kinder satt bekommen soll. Karl muss also trotzdem weiter raus zur Arbeit und unter Menschen. Um die Gefahr zumindest ein bisschen abzumildern, wechselt er die Kleidung und wäscht sich von oben bis unten, bevor er die Wohnräume in ihrem Haus betritt. Bei Denis geht für einen ihrer Jobs nicht einmal diese Variante. Sie musste ihn wegen der Ansteckungsgefahr wieder aufgeben. Als Pflegeassistentin hatte sie ein Pflegekind für 15 Stunden pro Woche bei sich zu Hause betreut, das Mädchen darf nun nicht mehr kommen. Weil auch dieses Arbeitsverhältnis eine Stelle auf Basis eines freien Dienstvertrages war, wurde sie nicht in Kurzarbeit geschickt, obwohl das theoretisch möglich gewesen wäre. Dieses Zusatzeinkommen ist jetzt wieder weg.

Anfangs hatten Denise und ihr Mann noch Hoffnung auf Hilfe von der Republik, immerhin betonte die Regierung bei ihren täglichen Pressekonferenzen immer wieder: „Es wird niemand zurückgelassen, koste es, was es wolle." Doch fünf lange Wochen lang, in denen die Familie bereits herbe Einkommensverluste hatte, folgte auf diese Versprechen kein konkretes Angebot. Erst ab Mitte April wurden schließlich die diversen Fonds vorgestellt, die „schnell und unbürokratisch" Abhilfe schaffen sollten. Noch am selben Tag, als der Härtefallfonds für Selbstständige ins Leben gerufen wurde, machte sich Denise schlau. Immerhin hatte sie als Pflegeassistentin auf Basis eines freien Dienstvertrags gearbeitet und konnte nun diesen Job wegen Corona nicht mehr ausüben, daher erwartete sie sich wie versprochen eine Unterstützung. Es folgte die erste Enttäuschung: Sie hatte Anspruch auf nichts, obwohl ihr rund 700 Euro an selbstständigen Einkünften monatlich weggebrochen waren. Eine Unterstützung hätte sie nur bekommen, wenn das ihr einziger Job gewesen wäre. Da sie aber noch drei andere Jobs braucht, um ihre Familie zu ernähren, hatte sie Pech.

Wenig später wurde von der Regierung der Corona-Familienhärtefonds vorgestellt: „Es ist uns ein Anliegen, Familien, die durch die Corona-Krise unverschuldet in finanzielle Schwierigkeiten geraten sind, bestmöglich in dieser schweren Zeit zu unterstützen. Daher stellt das Bundesministerium für Arbeit, Familie und Jugend 30 Millionen Euro aus dem Familienlastenausgleichsfonds für den Corona-Familienhärtefonds zur Verfügung." Die zweite Enttäuschung begann schon mit diesen Zeilen. Was sollte das heißen: „unverschuldet" durch Corona? Denise kränkte sich maßlos über diese Worte, weil sie unterstellen, dass alle, die schon vor Corona in finanzielle Not geraten sind, eine Schuld daran tragen sollen. Doch was konnten sie und Karl für die zwei Krankheiten, die ihre Familie heimgesucht und sie in die Armut getrieben hatten? Sie konnten gar nichts dafür, und es könnte allen anderen Menschen genauso widerfahren. Doch die Regierung unterscheidet offenbar zwischen vermeintlich schuldigen und unschuldigen Familien, die einen bekommen Hilfe, die anderen nicht. Denise musste schlucken – schon ahnend, dass ihnen auch dieser Fonds nicht helfen würde, hatte sie einen dicken Kloß im Hals. Sofort nach der Pressekonferenz las sie auf der Homepage des Familienministeriums nach, welche Voraussetzungen die „unverschuldet" in Not geratenen Familien demnach erfüllen mussten. Für unselbstständig Erwerbstätige galt: „Mindestens ein im gemeinsamen Haushalt lebender Elternteil, der am 28. Februar 2020 beschäftigt war, hat aufgrund der Corona-Krise seinen Arbeitsplatz verloren oder wurde in Corona-Kurzarbeit gemeldet."[1] Dazu müsste man also arbeitslos geworden sein, aber Denise hatte noch andere Jobs, sie war nicht arbeitslos gemeldet. Sie las weiter, wie die Voraussetzungen für selbstständig Erwerbstätige aussahen: „Mindestens ein im gemeinsamen Haushalt lebender Elternteil ist aufgrund der Corona-Krise in eine finanzielle Notsituation geraten und zählt zum förderfähigen Kreis natürlicher Personen aus dem Härtefallfonds der WKO."[2] Wieder keine Unterstützung für Denise und ihre Familie. Sie musste ja bereits feststellen, dass sie beim Härtefallfonds für Selbstständige leer ausging. Wer schon durch den einen Fonds keine Zuwendung erhält, bekommt auch durch den anderen keine. Es war zum Verzweifeln.

Nächster Versuch: der Familienkrisenfonds. Dieser sollte „einkommensschwache Familien unterstützen, um Mehraufwendungen aufgrund der Pandemiefolgen bewältigen zu können", hieß es. „Mit dem Familienkrisenfonds werden Eltern oder Elternteile mit 100 Euro pro Kind unterstützt, wenn sie mit Stichtag 28. Februar 2020 Arbeitslosengeld oder Notstandshilfe bezogen haben."[3] So viel zum Thema, dass niemand zurückgelassen werden sollte. Denise und ihre Familie wurden von der Regierung zurückgelassen, sie erhielten keinen einzigen Euro. Mit dem erholsamen Schlaf war es wieder vorbei, Denise lag nachts wieder wach und machte sich Sorgen.

Nur noch funktionieren

Indes musste es für Denise trotz schlafloser Nächte tagsüber weitergehen, der Haushalt musste am Laufen gehalten, die Kinder versorgt, und es musste gearbeitet werden. Ihre anderen Jobs musste sie im Homeoffice und durch diverse Online-Konferenz-Tools und übers Telefon ausüben. „Das bedeutet jeden Morgen um 5 Uhr 30 aufstehen, kurz durchatmen und alleine einen Kaffee trinken, bevor die Kinder um sechs Uhr geweckt werden müssen. Das ist für mich die einzige Zeit des Tages, zu der ich kurz für mich bin und nicht rotieren muss", beginnt sie mir ihren üblichen Alltag zu schildern. Drei von ihren vier Kindern leben noch im gemeinsamen Haushalt: Die zweitälteste Tochter, die gerade 16 Jahre alt geworden ist, ihr 13-jähriger Sohn und ihre 11-jährige Tochter. Vor dem Shutdown musste Denise morgens schon um 6 Uhr 30 zum Zug, das fällt jetzt weg. Dafür muss sie den täglichen Lehrplan mit allen Aufgaben und Übungen für ihre zwei jüngeren Kinder zusammenstellen. Zwar sind alle Kinder gut in der Schule, wissbegierig und lernen gerne, aber ihren gesamten Stundenplan alleine organisieren konnten sie natürlich noch nicht. Um 7 Uhr 30 beginnt für Denise ihr Arbeitstag mit ihrem ersten Job als Teilzeitbeschäftigte im Backoffice eines Büros. Sie ist für Kundenbetreuung und Korrespondenz, aber auch Administratives zuständig, muss während ihrer Arbeitszeit also immer erreichbar sein. Bis 12 Uhr mittags klingelt also ständig das Telefon, Mails müssen beantwortet und Aufgaben abgearbeitet werden. Neben ihr lernen die Kinder, stellen Fragen und wollen, dass sie ihre Schulaufgaben kontrolliert. Im Homeoffice ist ihre Arbeit viel anstrengender als vorher, da sie neben dem Immer-erreichbar-Sein und ständigen Telefonieren trotzdem ihre Kinder bespaßen muss. „Dass mein Bub den ganzen Tag vor dem Computer sitzt und meine kleine Tochter daneben ihren Kopf in Bücher steckt, macht mir ein furchtbar schlechtes Gewissen. Aber es geht nicht anders, weil ich meine Kinder während meiner fixen Bürozeiten einfach ruhigstellen muss. Ich fühle mich zerrissen, weil den beiden ganz offensichtlich fad ist und sie vernachlässigt werden. Aber ich habe vormittags einfach keine Zeit für die Kinder", erzählt sie traurig. Denn eigentlich ist Denise unheimlich gerne Mama, sie liebt ihre Kinder über alles und würde ihnen gerne mehr Zeit und Aufmerksamkeit schenken. Es war ja auch eine bewusste Entscheidung von ihr, eine große Familie zu gründen. Sie selbst ist als Einzelkind aufgewachsen und hätte sich immer Geschwister gewünscht. Es gab keinen einzigen Tag in ihrem Leben, an dem sie es bereute, vier Kinder zu haben, sie hätte auch niemals auf eines ihrer Kinder verzichten wollen.

Denise nützt also die Mittagspause, um sich neben dem Kochen mit den Kindern zu unterhalten und ihnen ihre ganze Zuwendung zukommen zu lassen. Während sie essen, kontrolliert sie ihre Aufgaben und erledigt die anfallende Hausarbeit. Sie selbst kommt kaum zum Essen, dafür hat sie auch gar keine Zeit. Denise muss den ganzen Tag über fünf Dinge gleichzeitig erledigen. Ihre jüngste Tochter Stefanie, die trotz ihrer Krankheit mit dem Volksschulstoff total unterfordert ist, hat begonnen, nachmittags Rechenaufgaben aus der sechsten und siebten Schulstufe zu lösen, um sich irgendwie zu beschäftigen. Ihre Mama setzt sich dann auch wieder an die Arbeit. Karl steht erst kurz vor dem Mittagessen auf, weil er spätabends und nachts arbeiten muss. Sein Arbeitstag beginnt erst um 17 Uhr und endet zwischen Mitternacht und zwei Uhr morgens. Seit März sind die Dienste etwas kürzer geworden, weil ihm sein Chef wegen der Corona-bedingt geringeren Nachfrage Stunden gekürzt hat.

Mit Karl ist es schwierig geworden, er ist durch seine Krankheit immer noch stark belastet. Denise muss ehrlich einräumen, dass er für sie kaum eine Unterstützung, sondern inzwischen sogar eher eine zusätzliche Belastung ist. „Er wäscht zwar das Geschirr und hilft ein bisschen im Haushalt mit, aber er muss um jeden einzelnen Handgriff gebeten werden. Wenn ich ehrlich bin, glaube ich, dass ich ohne ihn sogar weniger Arbeit hätte. Die Kinder machen mir weniger Arbeit im Haus als der Mann", erzählt Denise vorsichtig weiter. Seine Krankheit, seine Erschöpfung und sein Nicht-Funktionieren belasten ihre Ehe stark. Das Leben mit ihm ist für Denise in den letzten Jahren der Krankheit extrem anstrengend geworden. Aber sie ist seit 17 Jahren mit ihm verheiratet, und sie liebt ihn. Sie hofft, dass es ihm bald wieder besser gehen wird, wenn die Schulden abbezahlt sind, die so schwer auf der Familie lasten. Seit er ein Privatkonkursverfahren eingeleitet hat, ist zumindest ein klares Ende dieser Bürde in Sicht. Die Kinder helfen Denise bei der Hausarbeit, halten ihre Zimmer selbst sauber und machen sogar die Wäsche. Die älteste Tochter putzt einmal in der Woche das Badezimmer, berichtet Denise stolz und ergänzt mit lächelnder Stimme: „Sie sind so unglaublich."

Wenn Denise ihre drei Minijobs und ihre Teilzeitstelle zusammenzählt, arbeitet sie insgesamt rund 50 Stunden pro Woche. Das geht sich nur aus, weil sie sich abends, nachdem sie zwischen 18 und 19 Uhr alle mit Abendessen verköstigt hat, noch einmal an ihre Arbeit als Lektorin setzt. Das geht dann noch mal von 20 bis 22 Uhr, öfters aber auch bis Mitternacht. Am Ende des Monats bleiben ihr knapp 1.600 Euro netto. Zusammen mit dem Gehalt ihres Mannes hat die Familie knapp 2.500 Euro monatliches Einkommen zur Verfügung. Das ist nicht viel, aber gerade genug, und das ist für Denise schon Luxus. Dafür schuftet sie sich ab, bis weit über ihre Grenze hinaus. Vor ein Uhr nachts kommt sie kaum zum Schlafen, das war schon vor Corona so. Aber nun funktioniert sie nur mehr und fühlt sich zurückversetzt in die Armut. „Man schaut einfach nur, dass man den Tag rüberbringt", erzählt sie und ergänzt weiter: „Ich bin dauermüde, ich würde wirklich gerne mehr schlafen. Seit Corona bin ich viel müder und habe viel mehr Arbeit mit der Familie. Das Homeschooling für die Kinder bleibt komplett an mir hängen, weil mein Mann nur bedingt belastbar ist." Dass sie auch als Freie und auf Honorarbasis arbeitet und sich ihre Arbeitszeit so theoretisch frei einteilen kann, macht ihren Alltag nicht leichter. Im Gegenteil, denn bis auf die eine Teilzeitstelle sind alle ihre Jobs auf freiberuflicher Basis. Sie wird also nicht nach der Zeit, die sie für die Arbeiten benötigt, sondern nur nach ihrer Leistung bezahlt. Und die muss sie jetzt im gleichen Ausmaß erbringen, während sie alleine drei ihrer vier Kinder im Homeschooling unterrichten muss.

Auf sich allein gestellt

Seit einer Woche merkt Denise, dass sie nun wirklich an die Grenze ihrer körperlichen Belastbarkeit gekommen ist, sie muss zu allem Übel auch noch ein Stützkorsett tragen. Ihre chronischen Bandscheibenprobleme haben sich durchgesetzt, sie zwingen sie dazu, kürzerzutreten. Das bedeutet kein In-der-Küche-Stehen, kein Putzen und kein Heben mehr. In der Wohnung herrscht das absolute Chaos. Lachend und gelassen beschreibt sie, wie bei ihnen alles kopfsteht. Aber die Unordnung kümmert sie nicht, die ist auch wirklich ihr geringstes Problem. Wie sollte es auch aussehen, wenn fünf Menschen auf engstem Raum seit Monaten zusammengepfercht sind. Sie können zwar jederzeit rausgehen, aber müssen Menschen und öffentliche Verkehrsmittel meiden. Ihr altes Auto, ein uralter Espace der ersten Generation, ist eingegangen und lässt sich nicht mehr reparieren. Ein neues Auto wäre für sie, selbst wenn es gebraucht wäre, nicht leistbar, erklärt sie: „Auch wenn es inzwischen besser ist und wir nicht mehr so arm sind, muss man für ein Gebrauchtauto trotzdem mit 2.500 Euro rechnen, sonst hat man ständig Reparaturen. Und das dauert noch, bis ich das beisammen hab. Aber momentan fehlt ein Auto schon sehr. Ich dachte erst, ich würde hier keines brauchen, weil die Öffis eigentlich super sind. Aber jetzt hängen wir fest. Bis Corona hat mir ein Auto nicht gefehlt. Ich wollte auch keines. Aber bei uns gibt es in Fußnähe halt wirklich nichts, und der nächste See ist zu weit weg, ohne Öffis können wir da nicht hin."

Jedoch macht Denise wie immer das Beste aus der Situation, um den Sommer für ihre Kinder halbwegs erträglich zu gestalten. Ihr Garten ist zwar nur 20 Quadratmeter groß, aber sie haben einen kleinen aufblasbaren Pool aufgestellt und spielen viel miteinander. Da auf den Straßen in der verschlafenen Gegend kaum Verkehr ist, gehen die Kinder in der Umgebung skateboarden und inlineskaten. Klaus fährt mit seinem Dienstbus zur Arbeit und zum Einkaufen. „Das ist zwar nur ein Dreisitzer, aber das reicht, um hin und wieder auch ein Eis für alle zu holen", sagt Denise, „und wenigstens müssen wir momentan kein Homeschooling machen." Zum Ende des Gesprächs erzählt mir Denise stolz: „Keines meiner Kinder muss trotz der langen Zeit zu Hause die Klasse wiederholen oder hat schlechte Noten. Stefanie hat sogar nur Einser und kommt jetzt aufs Gymnasium. Wie es sonst weitergeht, wissen wir absolut nicht. Die Schulen tüfteln an Lösungen. Anwesenheitspflicht gibt es nicht, sie müssen ihre Aufgaben bis zur Deadline erledigt haben. Ich habe Angst vor dem Herbst. Arbeit und Homeschooling. Wenn das wieder alles an mir hängen bleibt, dann …"

Wissenswertes

Im Jahr 2019 ist in Österreich von rund 1.472.000 Armuts- oder Ausgrenzungsgefährdeten nach Definition der Europa-2020-Strategie auszugehen, das entspricht rund 17 Prozent der Gesamtbevölkerung. Neben alleinlebenden Frauen sind Personen in kinderreichen Familien besonders armutsgefährdet. Menschen in Mehrpersonenhaushalten mit mindestens drei Kindern haben mit 20 Prozent die höchsten

Armutsgefährdungsquoten unter den Haushalten mit Kindern. Zum Vergleich: Bei Mehrpersonenhaushalten mit einem Kind bzw. mit zwei Kindern liegt die Armutsgefährdungsquote bei 9 bzw. 10 Prozent. Insgesamt leben in Österreich rund 10 Prozent der Bevölkerung in Fünfpersonenhaushalten, das entspricht 172.000 Haushalten mit rund 870.000 Personen. Etwa 30 Prozent aller Personen in Österreich leben in Haushalten mit einer Frau als Hauptverdienerin. In solchen Haushalten liegt die Armutsgefährdungsquote bei 23 Prozent. Gibt es einen männlichen Hauptverdiener, beträgt sie hingegen unterdurchschnittliche 10 Prozent.[4]

Mit ihrer Enttäuschung über die Fonds ist die Familie von Denise nicht alleine. Eine lange Liste von Fehlern hat zu einer noch längeren Liste von Problemen bei all den Menschen geführt, die auf rasche Hilfe angewiesen waren. Die Fonds waren nicht nur viel zu gering dotiert, auch deren Verwaltung funktioniert mehr schlecht als recht. Die Hilfe der Regierung ist grundsätzlich nicht treffsicher und geht am Ziel vorbei. Beim Härtefallfonds für Selbstständige begannen die Probleme schon mit der Zuständigkeit. Dass die Wirtschaftskammer statt des Finanzministeriums für die Abwicklung und Auszahlung der Gelder von der Regierung beauftragt wurde, sorgte von Anfang an für Unverständnis – aus gutem Grund, denn die WKO hatte weder die notwendigen Daten der Betroffenen noch die notwendige Umsetzungskompetenz oder technische Infrastruktur, um diese Aufgabe zu meistern. Server waren überlastet und brachen zusammen, Datenlecks führten dazu, dass Namen, persönliche Adressen, Geburtsdaten und sogar Angaben zum Steuerprozedere offen für alle einsehbar im Internet landeten. Die Kriterien waren und sind so extrem streng und realitätsfremd, dass unzählige Betroffene wie Denise im Regen stehen gelassen wurden – selbst nach zweimaligem Nachbessern der Kriterien.

Bei den Fonds, die für Familien mit finanziellen Schwierigkeiten gedacht waren, lief es nicht viel besser. Schon vor der

Krise lebten in Österreich über 300.000 Kinder und Jugendliche in armutsgefährdeten Familien.[5] Der Topf für Familien wurde aber so gering dotiert, dass selbst, wenn man rechnerisch nur die kleine Gruppe der Familien berücksichtigen würde, die die strengen Kriterien des Härtefonds erfüllen, das Geld nicht reichen würde. Etwa 140.000 Familien hätten grundsätzlich Anspruch auf Unterstützung gehabt, weil Elternteile ihre Arbeit verloren oder in Kurzarbeit geschickt wurden. Damit diese die maximale Fördersumme von 1.200 Euro hätten ausschöpfen können, hätte der Topf 166 Millionen Euro enthalten müssen. Das hat er aber nicht: Für den Fonds waren mit Stand August nur 60 Millionen Euro vorgesehen – eine Summe, die höchstens für 50.000 Familien reichen würde.[6] Mit Stand Anfang August haben jedoch bereits 65.000 Familien um Hilfe angesucht, die monatelang auf ihren Bescheid und noch länger auf das versprochene Geld warten mussten. In einer Facebookgruppe von verzweifelten Betroffenen berichteten während des Sommers Tausende Eltern von den massiven Problemen mit der Fonds-Verwaltung. Manche Eltern, die immer wieder nachfragten, wann sie denn endlich mit dem Geld rechnen könnten, wurden sogar beschimpft.

Armuts- oder Ausgrenzungsgefährdete nach Definition der Europa-2020-Strategie

Als armuts- oder ausgrenzungsgefährdet gelten Personen, die mindestens eines der drei folgenden Kriterien erfüllen:

1 **Zahlungsrückstände** bei Miete, Strom, Kreditraten

2 Der Haushalt kann **keine unerwarteten Ausgaben** tätigen.

3 Der Haushalt kann sich **Heizen ausgewogene PKW TV Ernährung Telefon Urlaub Waschmaschine** nicht leisten.

EIN
LEBEN IN
HINGABE

Mit Verena H. spreche ich erstmals am 22. März 2020. Sie ist einem Aufruf von mir im sozialen Netzwerk Twitter gefolgt, in dem ich pflegende Angehörige darum gebeten habe, sich bei mir zu melden, um mit mir über ihre Lage zu sprechen. Verena (und auch einigen anderen Frauen) ist das in dieser einmaligen Situation kurz nach dem Ausbruch der Corona-Pandemie ein Anliegen. Wir telefonieren über zwei Stunden.

Verena beschäftigt das Thema Pflege sowohl privat als auch beruflich, denn sie ist nicht nur selbst Kranken- und Intensivpflegerin, sondern auch Professorin für Pflegewissenschaft an einer Fachhochschule in Bielefeld. Diese Fachhochschule ist zu dem Zeitpunkt, so wie alle Hochschulen in Deutschland, bis auf Weiteres geschlossen. Verena will in Österreich bleiben, bis sie wieder öffnet: „Ich mache Homeoffice. Ich habe gerade noch Glück gehabt, einen Tag später wäre ich nicht mehr nach Vorarlberg gekommen." Doch so kann sie in der Krise ihre Mutter pflegen, und nach Bielefeld kann sie ohnehin nicht. Hätte sie nach Deutschland fahren müssen, wäre jetzt niemand für ihre Mutter da – und das in einer Situation, von der niemand weiß, wie lange sie dauern wird. Die Grenzen zwischen Österreich und all seinen Nachbarländern sind geschlossen, teilweise ist es nicht einmal mehr erlaubt, von einem Bundesland ins andere zu fahren.

Die gebürtige Vorarlbergerin hat ihren eigentlichen Zweitwohnsitz in Innsbruck, dort ist sie üblicherweise, wenn sie nicht gerade in Deutschland unterrichtet. Bisher hat die

62-Jährige ihre 92-jährige Mutter, die in Vorarlberg lebt, gemeinsam mit ihren sechs Geschwistern versorgt. In Österreich ist das nichts Ungewöhnliches, da ein Großteil aller Pflegeleistungen innerfamiliär erbracht wird. Fast eine Million Menschen sind auf irgendeine Art und Weise in die Pflege und Betreuung von Angehörigen involviert – ohne Berücksichtigung der vielen pflegenden Kinder und Jugendlichen, zu denen keine validen Zahlen existieren. Knapp drei Viertel aller Pflegeleistungen werden dabei von Frauen übernommen, wobei zwei Drittel dieser Frauen selbst über 65 Jahre alt sind. Mehr als die Hälfte aller pflegenden Frauen geht keiner Erwerbstätigkeit nach.[1] Verena und ihre Geschwister sind noch jünger, sie stehen noch mitten im Berufsleben, deswegen haben sie sich die Arbeit innerhalb der Familie aufgeteilt. Nur so ist es für alle Geschwister möglich, weiterhin ihrer Erwerbsarbeit nachzugehen. Zudem ist ihre Mutter zu ihrer großen Freude für ihr Alter eine sehr rüstige Frau, die zwar auf Unterstützung, aber nicht auf Pflege rund um die Uhr angewiesen ist. Verena beschreibt mir stolz, wie mobil ihre Mutter trotz ihres hohen Alters noch immer ist: „Sie hat eine Jahreskarte für die öffentlichen Verkehrsmittel, die sie auch eifrig nutzt, und das große Glück, dass nur 50 Meter von ihrem Haus entfernt ein kleiner Kramerladen ist. Die meisten Dinge des täglichen Bedarfs kann sie sich dort selbst besorgen. Brot, Milch, Käse und Obst, das ist alles kein Problem, sie hat noch so viel Energie und ist immer noch recht selbstständig, sie macht das wirklich toll."

Bisher waren Verena und ihre Geschwister außerdem wirklich gut organisiert – was sie auch sein mussten, denn ansonsten hätte sich ihr sehr gut durchdachtes Pflegerad nicht kontinuierlich drehen können. Die notwendige Routine und Koordination dafür hatten sie sich schon vor längerer Zeit bei ihrem bereits verstorbenen Vater angeeignet. Schon er musste bis zu seinem Tod im Jahr 2012 von ihnen gepflegt und versorgt worden. Die Geschwister haben seither eine eigene Whats-App-Gruppe, in der sie vereinbaren, wer welche Aufgaben

Über 800.000

pflegende Angehörige betreuen ein Familienmitglied zu Hause.

71%

der rund **460.000 PflegegeldbezieherInnen** werden **von Angehörigen** – teils mit Unterstützung von mobilen Diensten – **zu Hause betreut.**

Nur 21%

der hilfebedürftigen Menschen leben in einer stationären Einrichtung.

Nur 5%

wollen oder **können es sich leisten,** eine **24-Stunden-Betreuung** in Anspruch zu nehmen.

übernimmt. Vor der Krise verbrachte beispielsweise jedes Wochenende jemand anderer Zeit mit der Mutter. Während die eine Schwester sich um die Pflegestufe und alle Behördenangelegenheiten kümmerte, machte die andere Schwester die Buchhaltung und Steuer. Verena und ihre dritte Schwester übernahmen die Mutter immer an den Feiertagen. Ihre zwei Brüder erledigten die Reparaturen am Haus und die Arbeit im Garten und organisierten das Holz für den Kachelofen. Die vierte Schwester und die Schwägerin kochten jeden Sonntag und luden die Mutter auch unter der Woche regelmäßig zum Essen ein, damit ihre Ernährung reichhaltig und abwechslungsreich blieb, da sich die Mutter ja sonst nur einfache Kleinigkeiten zubereitete oder kalte Platte aß. Und weil sich alle wirklich Mühe gaben und wollten, dass es ihr gut ging, hatten die Geschwister selbst Ausflüge, Freizeitaktivitäten und Konzertbesuche untereinander für die Mutter

75

organisiert. Es ist nämlich nicht unbedingt einfacher, jemanden zu betreuen, der nicht im gleichen Haushalt lebt, sondern ganz im Gegenteil: Es ist sehr, sehr aufwendig. Aber es ist der Wunsch der meisten pflegebedürftigen und älteren Menschen, in ihrem eigenen Heim, mit all ihren persönlichen Gegenständen und Erinnerungen zu bleiben. Über 800.000 pflegende Angehörige in Österreich betreuen ein Familienmitglied zu Hause.[2] „Töchter, Schwestern, Tanten, Enkelinnen und Mütter sind der größte Pflegedienst der Nation, ohne ihre unbezahlte Arbeit wäre die Betreuung von hilfebedürftigen Menschen zu Hause gar nicht möglich", erzählt mir Verena selbstbewusst. Denn 71 Prozent der rund 460.000 PflegegeldbezieherInnen werden von Angehörigen – teils mit Unterstützung von mobilen Diensten – zu Hause betreut. Hinzu kommen jedoch noch sehr viele Menschen, die zwar zu Hause gepflegt werden, die aber keinen Anspruch auf Pflegegeld haben. Die Dunkelziffer ist also wesentlich höher. Mit 21 Prozent lebt nicht einmal ein Viertel der hilfebedürftigen Menschen in einer stationären Einrichtung. Nur 5 Prozent wollen oder können es sich leisten, eine 24-Stunden-Betreuung in Anspruch zu nehmen.[3]

Zusammengebrochenes Betreuungssystem

Mit Beginn der Corona-Krise ist von einem Tag auf den anderen alles anders geworden, erzählt mir Verena weiter: „Unser mühsam erstelltes Betreuungssystem ist nun völlig in sich zusammengebrochen. Meine Mutter muss jetzt vor Infektionen geschützt werden und darf nicht mehr unter Menschen. Doch zwei meiner Geschwister sind selbst in häuslicher Quarantäne: eine Schwester, weil sie auf einem Konzert in St. Anton in Tirol war, die zweite Schwester hat eine erkrankte Freundin. Die dritte Schwester ist in Deutschland und kann momentan nicht einreisen, und die vierte wohnt über 50 Kilometer entfernt und muss ihre Kinder versorgen." Verena ist jedoch zuversichtlich, dass ihre Schwestern schon bald wieder einen Teil ihrer Pflegetätigkeit übernehmen bzw. mithelfen können. Dass Verena nun überhaupt bei ihrer Mutter sein und sie versorgen kann, ist eben ein Glücksfall. Nur einen Tag, bevor ganz Tirol unter Quarantäne gestellt wurde, ist Verena gerade noch rechtzeitig bei ihrer Mutter in ihrem winzigen, romantischen 2.500-Einwohner-Dorf in der Nähe von Bludenz angekommen. Wer jetzt noch von Tirol aus- bzw. nach Tirol einreisen will, darf das nicht mehr.

Die beiden wohnen nun gemeinsam im kleinen Einfamilienhaus der Mutter, und Verena arbeitet im Homeoffice. Kaum dort eingezogen, musste sie als Erstes die ganze Küche, das Bad und den Rest des Hauses durchputzen. Die ukrainische Lehrerin, die erst vor drei Monaten von ihnen eingestellt wurde, weil sie in Österreich nicht unterrichten darf, und einmal pro Woche beim Putzen half, kommt seit dem Ausbruch der Pandemie nicht mehr. Der Zustand des Hauses ist nicht ideal: Zwei volle Tage hat die Grundreinigung des Hauses in Anspruch genommen. Verena muss zudem dieser Tage alle Einkäufe und Apothekengänge für ihre Mutter erledigen, kochen, die Wäsche waschen, ihre Rezepte abholen und sie zu den Arztbesuchen begleiten. Es hat sich bereits einiges angesammelt, das erledigt werden muss, die Vorräte sind aufgebraucht, und Rezepte müssen neu verschrieben werden. Auch die Hauskrankenpflege, die ihrer Mutter einmal pro Woche beim Duschen, Füßewaschen und anderen Notwendigkeiten der Körperhygiene geholfen hat, kommt seit einer Woche nicht mehr. Und sie kann auch nicht sagen, wann sie wieder kommen wird, schließlich weiß in dieser Phase niemand, wie es weitergehen wird, alles ist im Unklaren, und alle haben Angst. Klar ist nur: Alles ist angehalten worden, es herrscht Stillstand, und die gesamte Unterstützungsstruktur, auf die sie sich bisher verlassen konnten, ist erst mal Geschichte. Verena muss alle

Aufgaben selbst übernehmen, Aufgaben, an die man gar nicht denkt und die einem überhaupt nicht bewusst sind, wenn man selbst noch nie gepflegt hat. Denn pflegebedürftige und betagte Menschen können viele der Handgriffe, die uns so selbstverständlich erscheinen, nicht mehr ausführen. Belastend ist das nicht nur für Verena selbst und ihr eigenes Leben, sondern auch für ihre Mutter. Sie und die Hauskrankenpflegerin sind schon so gut aufeinander eingespielt gewesen, da ist vieles einfacher gegangen, und intime Tätigkeiten waren nicht mehr mit Scham behaftet. Sie hatten ihre Beziehung schon aufgebaut, als sich die Mutter vor zehn Jahren das Knie gebrochen hatte. Jahrelang ist sie jede Woche vorbeigekommen und ist so zu einer Art fixem Bestandteil ihres Alltags geworden, sie haben sich richtig gut verstanden. Deswegen hat Verena anfangs auch befürchtet, dass es sehr schwierig für ihre Mutter werden könnte, wenn sie auf einmal diese sehr intimen Aufgaben übernehmen würde. Erleichtert stellt sie bei unserem Gespräch fest: „Insgesamt läuft es aber besser, als ich dachte. Dass ich sie jetzt wasche und bade, funktioniert überraschend gut." In dem Moment muss ich mir unweigerlich eingestehen, dass ich selbst wohl aufgeschmissen wäre, und das sage ich Verena auch. Sie allerdings sei ja ein Profi und habe gelernt, wie man Menschen richtig in eine Badewanne hinein- und wieder heraushebt, worauf sie einräumt: „Zumindest die Fußpflege, mit der auch ich meine Probleme hätte, wurde vor Kurzem noch extern gemacht. Das ist nämlich wirklich schwer bei den alten Füßen meiner Mutter."

So verstreicht über eine Stunde unseres Telefonats nur damit, dass sie mir alles aufzählt, was sie nun zu tun hat. Ich denke daran, wie es war, bevor ich meinen Sohn zur Welt brachte, und dass ich mir zuvor auch niemals hätte vorstellen können, wie viel Zuwendung und Zeit so ein kleiner Mensch tatsächlich benötigt. Bei diesem Gespräch lerne ich, dass es bei alten Menschen sehr ähnlich ist. Auf meine Frage, wie viel Zeit sie für all ihre Fürsorgetätigkeiten nun täglich

Knapp **1/2** aller Pflegenden, die ein Familienmitglied bei sich zu Hause versorgen, geben an, **„so gut wie rund um die Uhr"** für die zu pflegende Person da zu sein.
Bei Angehörigen von **Menschen mit Demenz** beträgt dieser Wert **58%,** bei Angehörigen von **pflegebedürftigen Minderjährigen** sogar **86%.**
Somit hat fast **jede/r zweite Angehörige** das Gefühl, **24 h** für die zu pflegende Person da zu sein.

aufwenden muss, unterbricht Verena ihre Erzählung kurz und denkt nach. „Circa fünf Stunden Arbeit pro Tag werde ich im Durchschnitt schon haben – also an einem normalen Tag, an dem ich ihr nicht gerade die Haare waschen oder sie baden muss. Diese fünf Stunden gehen dann also hauptsächlich für die Hausarbeit, das Kochen, Einkaufen und die Erledigungen drauf", antwortet sie schließlich. Bedenkt man, dass es sich dabei um sieben Tage pro Woche handelt, kommt sie auf eine 35-Stunden-Woche. Als ich ihr das vorrechne, scheint sie selbst überrascht, dass sie zusätzlich zu ihrem Vollzeitjob an der Fachhochschule nun quasi einer zweiten Vollzeittätigkeit nachgeht, ohne dies überhaupt bewusst realisiert zu haben. Insgesamt arbeitet Verena, seit sie bei ihrer Mutter ist, rund 75 Stunden pro Woche, aufgefallen ist ihr das bisher nur deshalb nicht, weil sie sonst nichts anderes mehr macht, keine sozialen Kontakte hat, nichts mehr liest und auch keine Bewegung mehr macht. Sie ist rund um die Uhr nur für ihre Mutter und online auch noch für ihre Studierenden da.

Mit diesem Zeitaufwand in der Pflege ihrer Mutter liegt Verena im absoluten Normbereich. Groß angelegte Zeiterhebungen unter pflegenden Angehörigen in Deutschland liefern exakt die gleichen Ergebnisse und zeichnen das gleiche Bild.

Demnach werden durchschnittlich 4 Stunden und 45 Minuten für die Haushaltsführung und Betreuung der Familie verwendet. Davon werden wiederum 58 Minuten für die Zubereitung von Mahlzeiten und die Hausarbeit in der Küche, 36 Minuten für die Instandhaltung von Haus und Wohnung und 33 Minuten für die Reinigung von Textilien verbraucht.[4] Knapp die Hälfte aller Pflegenden, die ein Familienmitglied bei sich zu Hause versorgen, geben an, „so gut wie rund um die Uhr" für die zu pflegende Person da zu sein. Bei Angehörigen von Menschen mit Demenz beträgt dieser Wert 58 Prozent, bei Angehörigen von pflegebedürftigen Minderjährigen sogar 86 Prozent, sie sehen sich natürlich in einem permanenten Verfügbarkeitsmodus. Somit hat fast jede/r zweite Angehörige das Gefühl, 24 Stunden für die zu pflegende Person da zu sein.[5] Nichts ist so zeitintensiv und gleichzeitig so wenig sichtbar wie die Arbeit für die Familie.

Fragile Lage

Die grundsätzliche Fragilität ihrer familiären Situation ist Verena allerdings voll bewusst. Schließlich wird es auf die Dauer nicht so weitergehen können, sie muss in absehbarer Zeit wieder nach Deutschland, zurück in ihr eigenes Zuhause und in ihr eigenes Leben. Im Moment funktioniert die Pflege der Mutter in ihrer Familie grundsätzlich, auch unabhängig von Corona, gerade noch, weil sie viele Geschwister sind und es der Mutter verhältnismäßig gut geht. Das kann sich jedoch jederzeit ändern, und dann würde es düster aussehen. Besonders große Angst hat Verena davor, dass ihre Mutter in den nächsten Jahren auch intellektuell immer stärker eingeschränkt sein könnte, denn dann müssten sie professionelle Unterstützung in Anspruch nehmen. Genau diese bricht aber wegen der Pandemie für viele ÖsterreicherInnen gerade komplett weg.

Sie erklärt mir ihre Bedenken: „Ich bin ja vom Fach. Ich habe mich in meiner Dissertation mit den Belastungen pflegender Angehöriger von demenzkranken Menschen auseinandergesetzt. Ganz schlimm betroffen sind jetzt die 80.000 Haushalte mit 24-Stunden-Betreuerinnen. Es sind Horrorsituationen, die da in den Familien ablaufen, mit unendlichen Belastungen. Demenzkranke brauchen 15 bis 17 Stunden Überwachung und Pflege pro Tag. Das ist eine so anstrengende und fordernde Aufgabe, dass man all seine Zeit und Energie dafür hingeben muss. Das ist wie mit einem Kleinkind, da lässt sich kaum mehr etwas anderes machen.“

Verena weiß nur zu gut, wie sich der Alltag von Pflegenden gestaltet und wie viel Arbeit und Probleme dabei anfallen. Und sie weiß nur zu gut, an wem all das in Österreich hängenbleibt: Rund 70 bis 85 Prozent der Betreuungs- und Pflegearbeiten für Ältere oder Menschen mit Behinderung werden durch ihre Angehörigen abgedeckt. Schätzungsweise zwischen 65 und 80 Prozent dieser pflegenden Angehörigen sind Frauen wie Verena und ihre Schwestern. „Die Männer halten sich da eher fein raus“, sagt Verena abgeklärt. Wissenschaftliche Berichte zum Thema stellen fest, dass Männer, sofern sie überhaupt Pflegeleistungen übernehmen, eher im Alter ihre Partnerinnen pflegen, wenn sie selbst nicht mehr erwerbstätig sind. Frauen hingegen pflegen auch im Haupterwerbsalter und auch andere Angehörige oder ihre FreundInnen. Frauen opfern sich auf, Männer sind häufiger Mithelfende als hauptverantwortlich.[6] Auch dieses Bild spiegelt sich stark in den Tätigkeiten von Verenas Brüdern wider. Warum sollte es bei ihnen auch anders sein, schließlich sind sie eine ganz normale Familie wie jede andere auch. An den gesellschaftlichen Verhältnissen und der allgemeinen Lage ändert auch Verenas berufliche Expertise nichts.

Verena hat quasi ihr ganzes Leben der Pflege von Menschen gewidmet. Schon mit 17 Jahren besuchte sie die Krankenpflegeschule, um danach 30 Jahre lang tagtäglich als Pflegerin zu arbeiten, zwanzig Jahre davon auf Intensivstationen, wo sie

Rund 70–85 % der Betreuungs- und Pflegearbeiten für Ältere oder Menschen mit Behinderung werden durch ihre Angehörigen abgedeckt.

Schätzungsweise **65–80 %** dieser pflegenden Angehörigen sind **Frauen.**

besonders gefordert wurde. Sie war immer gerne für andere Menschen da, und sie kümmerte sich von ganzem Herzen um die PatientInnen. Mitte der 1980er-Jahre war sie neben ihrer Arbeit als Pflegerin in einem Krankenhaus sogar noch ehrenamtlich in der Aidshilfe tätig. Gemeinsam mit anderen engagierten Kolleginnen und Kollegen baute sie eine der ersten Pflegestationen für Aids-PatientInnen auf. Weil sie sich stetig weiterentwickeln wollte, begann sie sich auch wissenschaftlich mit ihrer Arbeit zu beschäftigten. So ging sie ein paar Jahre danach nach Berlin, um Pflege und Pflegepädagogik zu studieren. Ihre Dissertation verfasste sie über pflegende Angehörige von demenzkranken Menschen. Das brachte sie wiederum an die Fachhochschule in Bielefeld, wo sie nun seit zehn Jahren Pflege lehrt. Und nun pflegt sie selbst wieder – aber auf einmal privat, ihre eigene Mutter. Das ist auch für sie neu, aber sie beschreibt mir auch, warum es gar nicht anders geht: „Diese Pandemie zeigt die Versäumnisse Österreichs sehr deutlich auf: keine funktionierenden ambulanten Pflegesysteme wie beispielsweise in Schweden, Norwegen, Finnland oder Dänemark. Wir müssen dringend tragfähige Betreuungssysteme aufbauen. In unserem jetzigen System, in dem alle Kinder noch berufstätig sind und eine eigene Familie haben: Wie sollen da die Kinder noch ihre Eltern und Schwiegereltern pflegen? Das ist nicht zu schaffen." Ihrer Meinung nach liegt sehr viel im Pflegesektor des deutschsprachigen Raums im Argen, weil er sich vorwiegend im privaten Bereich abspielt und so wenig professionalisiert ist. „Alles wird auf die Frauen abgewälzt, und die bekommen dafür nichts, am Ende erhalten sie dafür nicht einmal eine Pension, von der sie auch leben können. Es ist eine Schande. Und es kann so auch gar nicht mehr lange weitergehen, denn die Zeiten, in denen Frauen nicht erwerbstätig sein mussten und sich ausschließlich ihrer Familie widmen konnten, sind ohnehin vorbei."

Problemfeld Pflege

Verena ist mit ihren Einschätzungen nicht alleine. Egal ob Rechnungshof, Interessenvertretungen, NGOs, karitative Vereine, die Wissenschaft oder die Betroffenen selbst: Alle sind sich einig, dass etwas passieren muss. Denn es mangelt an allem: an Geld, Personal, Unterstützung für Familien, der sozialen Absicherung der pflegenden Angehörigen und an medizinischen wie auch sozialen Leistungen. „Egal, ob Pflegende ihre Familienmitglieder in ihrem eigenen Zuhause oder auch extern betreuen: Sie müssen sich viel zu oft sorgen. Häufig haben sie das Gefühl, dass ihnen alles zu viel wird und sie alleine gelassen werden – was ja auch stimmt. Darunter leiden in der Regel auch die Beziehung zum Partner und zur Familie, der Kontakt zu ihrem Umfeld und die eigene Gesundheit", führt Verena aus.

Eine breite Befragung pflegender Angehöriger zeigt, dass psychische und zeitliche Belastungen im Vordergrund stehen. Fast ein Drittel der Pflegenden führt psychische Belastungen an, 27 Prozent zeitliche Belastungen und 25 Prozent empfinden starken Stress. Außerdem beurteilen 19 Prozent die körperlichen Belastungen durch die Arbeit und 14 Prozent die finanzielle Last als „sehr stark". Ihre generelle Einschätzung ergibt, dass 21 Prozent der Pflegenden insgesamt „sehr stark" belastet sind und sich weitere 27 Prozent immer noch „stark" belastet fühlen. Nur knapp die Hälfte der Befragten gibt an, durch die Pflege- und Betreuungssituation nicht stark belastet zu sein. Und Pflege ist üblicherweise kein Sprint, sondern ein Marathon, sie muss nicht nur für einen kurzen Zeitraum, sondern meist über Jahre erbracht werden. Mehr als die Hälfte der Pflegenden sind dies bereits über sechs Jahre, weitere 38 Prozent zumindest drei bis sechs Jahre, nur 11 Prozent sind es seit maximal zwei Jahren.[7] Das muss man – beziehungsweise eher „frau" – aushalten, obwohl diese Arbeit so extrem anstrengend ist. Frauen wenden nicht nur mehr Zeit für Pflege und Betreuung auf als Männer, sie fühlen sich unabhängig vom Stundenausmaß auch stärker belastet als Männer, und bei beiden Geschlechtern steigt die Belastung mit der Höhe des Zeitaufwandes an. Hinzu kommt dann eine nahezu ebenso schwerwiegende finanzielle Herausforderung: Über die Hälfte der pflegenden Angehörigen in Österreich stuft das Pflegegeld als kaum oder nur teilweise ausreichend ein, um den tatsächlichen Pflegebedarf damit finanziell abzudecken. Eine professionelle Hilfe rund um die Uhr kann sich ohnehin kaum jemand leisten und wird daher nur in wenigen Fällen in Anspruch genommen. Rund zwei Drittel derjenigen, die in die eigene Tasche greifen und es trotzdem tun können, geben an, dass die Kosten für die 24-Stunden-Betreuung mit dem Pflegegeld nur teilweise oder kaum abgedeckt sind.

Zudem ist die 24-Stunden-Pflege in Österreich noch ein ganz eigener Problemherd. Ihre Funktionalität beruht fast zur Gänze auf dem Zukauf von wirklich schlecht bezahlter weiblicher Arbeitskraft aus dem Ausland. Fast alle Menschen, die in der Branche arbeiten, kommen aus Osteuropa. Die Pflegerinnen stammen meist aus Rumänien, Bulgarien oder der Slowakei, wo sie ihre eigenen Familien und Kinder wochenlang alleine lassen müssen, um in Österreich für einen mickrigen Lohn von weniger als zwei Euro pro Stunde zu arbeiten. Fast 800 Vermittlungsagenturen bieten Pflegerinnen zu Dumpingpreisen ab 40 Euro pro Tag an. Was von diesem Geld, das die

Familien bezahlen, dann tatsächlich bei den Pflegerinnen an-
kommt, wird nicht transparent gemacht. Es gibt dazu keine
einheitlichen Regelungen, weswegen nicht wenige unseriöse
Agenturen die Frauen zusätzlich abzocken und ihnen kaum
etwas von ihrem Lohn lassen. Die Arbeitsbedingungen sind für
die Frauen mitunter erschreckend: Sie erhalten oft kein eigenes Zimmer und müssen im Keller, Wohnzimmer oder in der
Küche schlafen. Immer wieder berichten Frauen, dass sie nicht
einmal die Waschmaschine oder das Badezimmer im Haus
der Familien, bei denen sie untergebracht sind, benützen dürfen. Es kommt auch zu Übergriffen, Gewalt und Missbrauch.
Selbst Essen bzw. richtige Mahlzeiten werden den Pflegerinnen mitunter verweigert, die in Österreich ohne Netzwerk
vollkommen auf sich alleine gestellt sind. Wie extrem marode
dieses System ist, das auf legaler Ausbeutung und Scheinselbstständigkeit beruht, zeigt uns die Corona-Krise nur zu deutlich.
Die Pflegerinnen konnten nicht mehr ein- oder ausreisen oder
wurden von Familien tatsächlich wochenlang eingesperrt. Die
Regierung bemühte sich, Pflegerinnen mit Sonderzügen ins
Land zu bekommen, die niemals ankamen. Im April wurden über 200 rumänische Betreuerinnen mit einem eigenen
Flugzeug nach Österreich geholt, wo ihnen ihre Pässe für die
Dauer der Quarantäne einfach widerrechtlich weggenommen
wurden. Nur durch den Druck der Öffentlichkeit bekamen die
Frauen ihre Pässe zurück.

„Es ist empörend, und es ist eine Schande! Wie unser
Land mit Pflegerinnen, Angehörigen und den Pflegebedürftigen umgeht, ist absolut unwürdig. In Wirklichkeit ist das alles
ein riesiger Skandal!", ruft Verena wütend aus, als wir über
diese Missstände sprechen. „Es bleibt einzig und allein zu
hoffen, dass durch diese Krise auch die Solidarität in unserer
Gesellschaft wieder neu entdeckt wird. So wie es ist, kann es
schließlich nicht mehr weitergehen", sagt sie abschließend. Mir
ist nach dem Telefonat mit ihr zum Schreien, und ich wünsche
mir inständig, dass sich ihre Hoffnung erfüllt.

Wissenswertes

Rund 48 Prozent der Anspruchsberechtigten von Pflegegeld sind über 80 Jahre alt, rund zwei Drittel davon sind Frauen. Die meisten männlichen Anspruchsberechtigten sind zwischen 61 und 80 Jahre alt.[8]

Nicht nur Erwachsene pflegen. Auch Kinder und Jugendliche befinden sich immer wieder in der Situation, einen Elternteil oder ein Geschwister pflegen zu müssen. Die Zahl der bekannten pflegenden Kinder und Jugendlichen im Alter von 5 bis 18 Jahren beträgt 42.700. Ihr durchschnittliches Alter beträgt 12,5 Jahre. 70 Prozent der pflegenden Kinder und Jugendlichen in Österreich sind Mädchen.[9] Mit 61 Prozent leben die meisten pflegenden Angehörigen mit der Person, die sie pflegen in einem gemeinsamen Haushalt. Ist dies nicht der Fall, können die Angehörigen die Gepflegten in der Regel schnell (innerhalb von 15 Minuten) erreichen.[10] Über zwei Drittel der Frauen in Wien sind neben ihrer Tätigkeit als pflegende Angehörige auch berufstätig. Etwa 87 Prozent der informell pflegenden berufstätigen Personen sind älter als 40 Jahre. Neben der Erwerbstätigkeit widmen sich die Angehörigen 13 Stunden pro Woche der Pflege und Betreuung der hilfsbedürftigen älteren Personen. 40 Prozent leisten dabei tägliche Betreuungsarbeit.[11]

Nur circa 20 Prozent der zumindest „teilweise hilfsbedürftigen Menschen" ab 50 Jahren erhalten in Österreich Pflegegeld. Rund 53 Prozent der Pflegegeldbeziehenden werden nur von Angehörigen gepflegt, etwa 25 Prozent erhalten Hilfe durch mobile Dienste, auch in Kombination mit Angehörigenpflege, und ca. 5 Prozent erhalten 24-Stunden-Betreuung. Rund 18 Prozent der Pflegegeldbeziehenden werden in Alten- und Pflegeheimen betreut.

Der Rechnungshof geht davon aus, dass der Anteil der Personen ab 80 Jahren an der österreichischen Gesamtbevölkerung, bei denen Pflegebedarf häufig auftritt, weiter ansteigen wird. Das Verhältnis der Personen, die typischerweise die informelle (private) Pflege leisten, gegenüber jenen ab 80 Jahren würde hingegen sinken. Es wird demnach zu einem Mangel an Personen kommen, die in Zukunft ihre Liebsten versorgen können.

Auch die professionell organisierte Pflege wird von Frauen dominiert. Im Gesundheits- und Sozialwesen sind rund 80 Prozent aller Beschäftigten weiblich, das sind knapp 334.000 Frauen. In der Krankenpflege, wo zu 85 Prozent Frauen arbeiten, liegt das Bruttojahresgehalt bei 33.700 Euro, in Pflegehilfeberufen arbeiten zu 87 Prozent Frauen, dort liegt das mittlere Bruttojahreseinkommen bei lediglich 26.700 Euro.

Pflegende Kinder und Jugendliche im Alter von 5 bis 18 Jahren:

42.700

Durchschnittsalter:

12,5 Jahre

70% der pflegenden Kinder und Jugendlichen in Österreich sind Mädchen.

Rund 80% aller Beschäftigten im Gesundheits- und Sozialwesen **sind weiblich,** das entspricht knapp **334.000 Frauen.**

Bruttojahresgehälter:
Krankenpflege (85 % Frauen): 33.700 €.
Pflegehilfeberufe (87 % Frauen): 26.700 €.

DIE EINZEL KÄMPFERIN

DIE EINZEL KÄMPFERIN

Susanne wurde im Leben wirklich gar nichts geschenkt. Die Niederösterreicherin hat es niemals leicht gehabt, stattdessen musste sie in ihrem Leben einen Kraftakt nach dem anderen vollbringen, und das merkt man ihr auch an. Heute, am 28. März 2020, etwa ein Jahr, nachdem sie wegen eines Burnouts aufhören musste zu arbeiten, erzählt sie mir ihre Geschichte – und sie spricht zu Recht mit einem gewissen Stolz von all dem, was sie bewältigt hat, ohne dabei jemals den Mut verloren zu haben. Ihr Leben lang war sie eine Getriebene, immer verfolgt von der Angst vor dem sozialen Abstieg. „Meine größte Angst war es immer, ein Sozialfall zu werden, nicht mehr selbstbestimmt und selbstständig mein Leben führen zu können. Ich wollte keine Bittstellerin sein, auch wenn ich noch so dringend Hilfe benötigt hätte", schildert mir Susanne ihre Beweggründe dafür, sich ihr ganzes Leben lang derart verausgabt zu haben, dass es sie schließlich krank machte.

Als ob es nicht schon heldinnenhaft genug von ihr gewesen wäre, in den 1980er- und 1990er-Jahren in der tiefsten Provinz in einem winzigen Dorf als Alleinerzieherin zwei Kinder großzuziehen, war es ihr auch noch wichtig, ihren Kindern einen gewissen Lebensstandard zu ermöglichen. Mangelndes Geld durfte kein Grund dafür sein, dass ihren Kindern etwas verwehrt bleiben sollte. Eine gute Schulbildung, Kinderbetreuung, sportliche Aktivitäten, Hobbys, Klavierunterricht und Klassenfahrten: All das kostete extrem viel Geld. Susanne wollte und musste das ganz alleine aufbringen. Und dafür hatte sie immer gekämpft, in den Schoß gefallen war ihr gar nichts.

Die 54-Jährige wohnt heute noch in dem gleichen kleinen Dorf südlich von St. Pölten, in dem sie aufgewachsen ist. In dem gleichen Einfamilienhaus, das ihre Eltern schon in ihrer Kindheit gebaut haben und für dessen Verwirklichung die ganze Familie jahrelang auf kleinem Fuß leben musste. Susanne ist geblieben – trotz der schlechten Erfahrungen, die sie hier machen musste, und trotz des bösen Geredes, dem sie als Alleinerzieherin ausgesetzt war. „Im katholischen ländlichen Österreich gingen die Nachbarn damals noch jeden Sonntag in die Kirche. Dass ich eine junge ledige Mutter war, machte mich automatisch zur Sünderin. Die Leute dachten, ich wäre schuld daran, dass ich ohne Mann dastand, ich hätte den Vater vergrausigt, hieß es. Über den Vater meines Sohnes, der uns verlassen hat und der auch immer noch bei uns im Dorf wohnt, wurde aber nie etwas Schlechtes gesagt", beschreibt mir Susanne die Stimmung, die zu jener Zeit in ihrer Umgebung herrschte. Sie blieb zuerst, weil sie es musste, und später, weil sie es wollte: weil sie ein Familienmensch war und ihre Eltern niemals im Stich lassen würde – und weil sie sich ein hohes Selbstvertrauen erarbeitet hatte. „Das Geschwätz der Leute interessiert mich heute nicht mehr. Die Zeiten, in denen mir das etwas anhaben konnte, sind lange vorbei", sagt sie selbstbewusst. Sie wurde von ihren Eltern bodenständig und zur Bescheidenheit erzogen. Eine ordentliche Ausbildung wollte sie – pflichtbewusst, wie sie war – jedenfalls abschließen, darüber hatte sie gar nicht lange nachgedacht. Sie suchte sich unter diesem Gesichtspunkt das Beste aus, was in ihrem Dorf möglich war, und absolvierte eine Lehre zur Industriekauffrau im größten Betrieb, den es dort eben gab.

Schon während ihrer Lehrzeit verliebte sich Susanne unsterblich in den Nachbarsburschen, der nur einige Häuser weiter wohnte. Kurz nach ihrer erfolgreichen Lehrabschlussprüfung – sie war gerade mal 19 Jahre jung – wurde sie schwanger.

Sie freute sich darauf, mit ihrer ersten großen Liebe eine Familie zu gründen, sie war glücklich, und alles war gut. Schwierig wurde es erst, als sie im Jahr 1987 dann ihren Sohn zur Welt brachte. Schon die Geburt war von Komplikationen begleitet und machte einen Kaiserschnitt notwendig. Noch viel schwieriger wurde es für sie aber, als sie der Vater des Kindes kurz nach der Geburt von einem Tag auf den anderen verließ. Sie lag noch im Wochenbett, die Narbe an ihrem Bauch war noch nicht einmal verheilt, und ihr Körper immer noch von der schwierigen Entbindung geschwächt. Er ging einfach, ohne ihr einen Grund zu nennen. „Kontakt zu seinem Sohn wollte er keinen, er sagte, er hätte Wichtigeres zu tun. Dass er mich bereits während der Schwangerschaft betrogen hatte, wusste ich damals noch nicht", erzählt sie weiter.

Für Susanne brach eine Welt zusammen, aber verzweifeln durfte sie nicht. Sie beschloss, wieder zu arbeiten und stark zu sein, denn ihre Befürchtung, dass sonst auch für ihr kleines Neugeborenes die Welt zusammenbrechen würde, war groß. Sie gestattete es sich schlicht und einfach nicht, sich ihrem gebrochenen Herzen und der Trauer hinzugeben – nicht nur, aber auch, weil ihre Mutter ihr immer wieder mahnend sagte: „Schau ja, dass du kein Sozialfall wirst!" Mahnende Worte, die sie schon durch ihre gesamte Jugend begleitet hatten und die ihr auch später immer wieder Versagensängste einjagen sollten. So war die Entscheidung rasch gefällt: Ihre damals frisch pensionierte Mutter sicherte ihr zu, ihr mit dem Kind zu helfen, und Susanne ging sofort wieder arbeiten.

Ständiger Kraftakt über viele Jahre

12 Wochen nach der Geburt ihres Sohnes saß Susanne also wieder Vollzeit im Büro. Sie erklärt mir, wie sich ihr Arbeitsalltag so kurz nach der Entbindung gestaltete: „Um trotzdem so viel Zeit wie möglich mit meinem Baby verbringen zu können, begann ich schon um fünf Uhr morgens mit der Arbeit, damit ich nachmittags noch Zeit mit meinem Sohn verbringen konnte. Dass ich dadurch kaum zum Schlafen kam, war mir egal. Nicht egal war mir, ob ich meinen Sohn weiterhin stillen konnte oder nicht. Er war mir das Allerwichtigste, und ich wollte das Beste für ihn. Es war auch die Empfehlung meiner Ärzte, dass er gestillt wird." Sie wollte das Stillen so unbedingt, dass sie täglich ihre Milchpumpe mit ins Büro nahm, wo sie regelmäßig abpumpte. Zweimal täglich, einmal um neun Uhr und dann nochmals gegen 12 Uhr 30 fuhr sie zwischendurch für wenige Minuten nach Hause, um ihre Milch abzuliefern. Ihre Mutter gab die kostbare Milch dann ihrem Sohn im Fläschchen. Das funktionierte nur, weil die Firma, in der Susanne arbeitete, nur wenige Kilometer vom Elternhaus entfernt war. Ihre Wegzeit lag nur jeweils bei rund zehn Minuten, und bis spätestens 15 Uhr nachmittags konnte sie wieder zu Hause sein. Eine Pause für sich selbst gönnte sie sich nicht, dafür war ihr die Zeit mit ihrem Kind viel zu kostbar. Sie hielt dieses Programm ganze sechs Monate lang durch – dann blieb ihr wegen des Stresses und der Anstrengung die Milch weg.

An dieser Stelle unseres Gesprächs bin ich ehrlich berührt. Ich weiß aus Erfahrung, wie geschwächt der Körper einer Frau noch Wochen nach der Entbindung sein kann, wie viel Energie einem die Milchproduktion abverlangt und vor allem wie unglaublich müde eine Frau in dieser frühen Phase der Mutterschaft ist. Nachts mitunter stündlich geweckt zu werden, das ständige Windelwechseln und die Berge an Wäsche, die es zu reinigen gilt, verlangen Müttern wirklich einiges ab. Ich hätte wohl niemals geschafft, was Susanne bewältigt hat, und in diesem Moment bin ich unheimlich dankbar, dass ich das auch nicht musste. So früh wieder arbeiten zu gehen ist alles andere als einfach, und all das ohne Partner erleben zu müssen sicherlich auch nicht. Laut Statistik bewegte sich der Anteil der Familien mit Alleinerziehenden in den letzten Jahrzehnten relativ konstant um rund 17 Prozent aller Familien mit mindestens einem minderjährigen Kind. Zum Großteil sind die Alleinerziehenden Frauen, die ohne Partner mit Kindern zusammenleben. Im Jahr 2019 waren 257.000 Frauen und nur 42.000 Männer in Österreich alleinerziehend. Der Anteil der Frauen an den Alleinerziehenden beträgt somit etwa 86 Prozent.[1]

Alleinerziehende in Österreich

17%
Alleinerziehende

Davon sind
86%
FRAUEN.

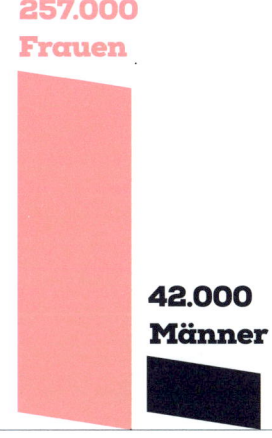

257.000
Frauen

42.000
Männer

Es sind also viele Frauen in Österreich, denen es ähnlich ergeht, wie es Susanne ergangen ist – für mich ist das, was sie geschafft hat, deswegen jedoch nicht weniger beeindruckend. Auch ihre Angst vor dem sozialen Abstieg ist in Anbetracht der Tatsache, dass Alleinerzieherinnen die Gruppe mit dem höchsten Armutsgefährdungsrisiko in Österreich darstellen, absolut nachvollziehbar. Während im Jahr 2019 die Armutsgefährdungsquote unter Alleinerzieherinnen bei 32 Prozent lag, lag sie durchschnittlich bei Paarhaushalten mit einem bzw. zwei Kindern bei nur 9 bzw. 10 Prozent.[2] Susanne bemühte sich so sehr, genügend Geld für ihre kleine Familie nach Hause zu bringen – doch weil ihr Körper es nicht schaffte, ihren Sohn länger mit Muttermilch zu versorgen, plagte sie trotzdem ein schlechtes Gewissen. Nichts hätte sie glücklicher gemacht, als den ganzen Tag mit ihm verbringen zu können und mehr für ihn da zu sein, aber das ließ ihr Sicherheitsbedürfnis nicht zu.

Armutsgefährdung von Alleinerziehenden

Armutsgefährdungsquote im Jahr 2019 bei **Alleinerzieherinnen:** **32 %**

Bei durchschnittlichen **Paarhaushalten** mit **einem bzw. zwei Kindern:** **9** bzw. **10 %**

Als sie sich vier Jahre später nochmals verliebte und im Jahr 1992 ihr zweites Kind erwartete, hatte Susanne in ihrer Partnerwahl leider auch nicht mehr Glück als beim ersten Mal. Die Enttäuschung war groß, als ihre erneute Hoffnung auf eine liebevolle Partnerschaft und einen Vater für ihre Kinder vernichtet wurde. Der Vater ihres zweiten Kindes, einer Tochter, verließ sie bereits während der Schwangerschaft. Und wieder konnte es sich Susanne nicht erlauben, sich fallen zu lassen und ihre Wunden zu lecken. Stattdessen musste sie erneut ihre Eltern um Hilfe bitten, voller Angst vor ihrer Reaktion und den Vorwürfen, die sie erwartete. Denn obwohl sie natürlich nicht das Geringste dafürkonnte, suchte sie die Schuld, abermals verlassen worden zu sein, bei sich selbst. Sie schämte sich sogar dafür. „Ich dachte, an mir ist etwas falsch, dass ich nicht liebenswert genug bin oder Männern nicht genug zu bieten habe. Ich fühlte mich so minderwertig, das letzte bisschen Selbstbewusstsein, das ich noch hatte, ging mir verloren. Ich gab mir selbst die Schuld und gestattete es mir deswegen auch gar nicht, allzu traurig zu sein. Ich hatte eher das Gefühl, für meine Dummheit, immer auf die gleichen Kerle hereinzufallen, büßen zu müssen", beschreibt sie ihre damaligen Gedanken und ihren Zustand. Doch immerhin ihre Eltern überraschten sie positiv. Beide versicherten ihr, hinter ihr zu stehen. Statt ihr Vorwürfe zu machen, wollten sie lieber für sie und ihre Enkelchen da sein. Sie freuten sich auf die Kleine und sagten ihr zu, ihr zu helfen und auch ihre Tochter zu versorgen, während sie arbeiten ging. Ihr fiel ein Stein vom Herzen. Und sie beschloss, Männern fortan abzuschwören und sich zukünftig nur noch um ihre Kinder und die Arbeit zu kümmern. Sie war genug verletzt worden, ihr Vertrauen war zweimal missbraucht worden, es reichte ihr.

Die zweite Geburt verlief natürlich und ohne Komplikationen, und Susanne erholte sich wesentlich schneller als vom Kaiserschnitt bei ihrer ersten Entbindung. An den wenigen Schlaf war sie inzwischen auch schon gewöhnt, ihr Sohn schlief erst seit einem Jahr durch und immer noch an ihrer Seite. Bereits nach acht Wochen ging sie wieder Vollzeit zur Arbeit. Fortan drehte sich ihr Leben ausschließlich um ihre Kinder und die Arbeit, immer begleitet von Abstiegsängsten und den mahnenden Worten ihrer Mutter, die ihr im Nacken saßen: „Nur ja kein Sozialfall werden!" Schließlich war – im Gegensatz zu Zeit für die Kinder – Geld etwas, womit ihr ihre Eltern nicht helfen konnten, zu klein war deren Pension. Innerlich war sie von diesen Worten getrieben, auch wenn sie noch so müde war. Sie funktionierte – sie funktionierte sogar so gut, dass ihr sechs Jahre später ein beruflicher Wechsel gelang, nämlich in die Personalabteilung ihres Arbeitgebers, in der sie bis zu ihrem späteren Ausscheiden bleiben sollte.

Endstation Burnout

Und so gingen die Jahre dahin, in denen sich Susanne als Alleinerzieherin durchkämpfte. Sie arbeitete viel, und sie machte sehr viel mit ihren Kindern, nahm sich keine Minute für sich selbst. Zeit für sich, das war etwas, das sie nur aus ihrer kinderlosen Vergangenheit kannte, genauso wie Durchatmen. Das Wichtigste war für sie, so viel Zeit wie möglich mit ihren Kindern verbringen zu können und für sie da zu sein. Deswegen war es für sie auch nie ein Thema, dass beide Kinder bis zum Ende ihrer Volksschulzeit bei ihr im Bett schliefen, auch wenn sie dadurch selbst in der Nacht keinen Moment nur für sich hatte. Als im Jahr 1995 bei ihr in der Firma ein neuer Geschäftsführer die Leitung übernahm, wurde alles noch einmal strenger, und der Leistungsdruck nahm zu, gleichzeitig kam ihr Sohn ins Gymnasium. Schulbildung für ihre Kinder bedeutete ihr viel, und so zahlte sie für die teure Privatschule, da es ansonsten nur eine öffentliche Hauptschule gegeben hätte. Je älter die Kinder wurden, desto teurer wurden sie auch, Susanne musste sich ranhalten, um ihre Position in der Firma und dadurch auch ihr Einkommen zu verbessern.

Im Jahr 1999 schaffte sie schließlich den Aufstieg und wurde Führungskraft. Ihr wurde die Leitung der Personalabteilung übertragen, und so konnte sie sich auch den Klavierunterricht leisten, den ihre Tochter nun bekam. Um sie bestmöglich zu fördern, fuhr Susanne die Kleine sogar jeden Freitag nach Wien zu ihren Stunden. Und bei einer dieser Gelegenheiten in der Stadt fand sie dann vollkommen unerwartet doch noch den richtigen Partner für sich. Mit ihm ist sie nun schon seit 18 Jahren zusammen.

Neben der Arbeit und den Kindern kam in dieser Zeit noch eine weitere Aufgabe für Susanne hinzu, denn zunehmend musste sie bestimmte Tätigkeiten und Besorgungen für ihre Eltern übernehmen. Sie war niemals ausgezogen, sondern hatte sich stattdessen das obere Stockwerk im Einfamilienhaus der Eltern zu einer eigenen Wohnung ausgebaut. Das war auch sinnvoll, damit ihre Eltern damals die Kinderbetreuung so einfach wie möglich einrichten konnten, und auch jetzt konnte sie so ihre Eltern leichter unterstützen. Es hatte aber auch Nachteile, weil sie auf diese Weise immer verfügbar war und nie Abstand hatte. „Mein Arbeitstag im Büro begann um sieben Uhr morgens und dauerte bis ca. 18 Uhr oder auch länger", erzählt sie. „Dazwischen musste ich die Arztbesuche meiner Eltern organisieren und sie begleiten, schließlich konnten sie nicht mehr selbst mit dem Auto fahren. Zusätzlich kümmerte ich mich unter Tags auch noch um alle Einkäufe, also um ihre und meine. Abends musste ich das Essen für den nächsten Tag vorkochen, bügeln und dazu meinen eigenen Haushalt schmeißen. Erst gegen 23 Uhr schaffte ich es ins Bett. Am Wochenende machte ich dann den Rest, die anstrengenden Reinigungsarbeiten im Haushalt meiner Eltern, den Großputz bei mir und die Gartenarbeiten. Es waren wirklich harte Jahre. Anfangs machte ich es noch gerne – ich bin ja ein Workaholic und habe immer gerne gearbeitet. In den letzten Jahren wurde aber aus positivem Stress dann leider negativer Stress."

Dieser negative Stress begann, als in den Jahren zwischen 2006 und 2009 ihre beiden Kinder auszogen und für ihr Studium nach Wien gingen. Susanne hatte auf einmal mehr Zeit – Zeit, die sie in Arbeit investierte, denn die Kinder waren noch lange nicht finanziell unabhängig, und ihre WG-Zimmer, Studienunterlagen und die Lebenshaltungskosten in der Hauptstadt waren alles andere als günstig. Sie erzählt mir von der radikalen Veränderung ihrer Lebensumstände, die sich in dieser Phase langsam, aber sicher abzuzeichnen begann: „Zehn Jahre lang habe ich 12, 13, ja sogar 14 Stunden pro Tag gearbeitet. Aber ich war dabei nie unglücklich oder depressiv, es war nur die übliche Anstrengung, die ich seit 20 Jahren gewohnt war. Als aber dann zwei meiner Kolleginnen gleichzeitig in Karenz gingen und ich für sie keine Vertretung einstellen durfte, änderte sich das schlagartig. Sechs Jahre ist es nun her, dass ich Stress und als Begleiterscheinung eine chronische Gastritis bekommen habe. Mein Gedächtnis wurde schlagartig schlechter, ich konnte mir plötzlich nichts mehr merken. Ich bekam starkes Asthma und Bluthochdruck, und ich verstand nicht, was mit mir los war. Ich dachte, ich hätte mir irgendeine Immunerkrankung eingefangen, weil es mir nach und nach immer schlechter ging. Erst als ich an einem Wochenende eine Panikattacke bekam, weil mir die Firma kurz durch den Kopf ging, hatte ich eine Ahnung – aber da war es schon zu spät." Die Panikattacken blieben und wurden heftiger, und Susannes Gastritis brachte sie mehrmals pro Tag zum Erbrechen. Schließlich ging sie endlich in Krankenstand, statt sich weiter ins Büro zu schleppen. Zwei Tage später konnte sie morgens nach dem Aufwachen nicht mehr aufstehen – sie schaffte es einfach nicht. Sie hatte höllische Schmerzen, die ihr bei jeder Bewegung von der Hüfte abwärts durch die Beine schossen. Sie konnte nicht mehr gehen, sich nicht mehr alleine waschen und ihren Haushalt nicht mehr führen. Ihr Partner erwies sich als große Unterstützung, weil er ihr bestmöglich half und sie von einer Ordination zur nächsten brachte. Susanne bekam so starke Spannungsschmerzen in ihrem Kopf, dass sie sich auf nichts mehr konzentrieren konnte und extrem geräuschempfindlich wurde. Sie lag wochenlang nur noch bei geschlossenen Vorhängen in ihrem Bett und fühlte sich furchtbar. Selbst lesen oder fernsehen konnte sie nicht mehr. Im März 2019 erhielt sie nach unzähligen Arztbesuchen die offizielle Diagnose: Burnout. Acht lange Monate musste sie an einem

Reha-Programm teilnehmen, die ersten drei Monate davon in einer Klinik und später ambulant.

Erst nach ungefähr einem halben Jahr in der Reha ging es ihr langsam besser. Insgesamt hat sie ein ganzes Jahr gebraucht, um sich zu erholen. Sie nahm sich einen Hund, der sie zweimal täglich zum Rausgehen zwang: „Das war für mich die beste Therapie. Während dieser Spaziergänge lernte ich wieder, meine Gedanken schweifen zu lassen und sie in der Folge auch wieder zu ordnen. Es war zum ersten Mal seit über 20 Jahren eine fixe Zeit, die nur mir und meinem Partner gehörte, wo es nicht um Erledigungen ging, sondern nur ums Spazierengehen. Anfangs fiel mir das schwer, und ich hatte das Gefühl, mich beeilen zu müssen, inzwischen genieße ich jede Minute davon und lasse mir Zeit dabei." Mit ihrer Genesung stand auch ihre Rückkehr an ihren alten Arbeitsplatz an, doch sie wollte gesund bleiben und keinesfalls wieder in das alte Muster von Akkordarbeit und Selbstausbeutung verfallen. Darum bat sie ihren Chef um zumindest ein Jahr Wiedereingliederungsteilzeit zur schrittweisen Eingewöhnung. Aber nicht nur darauf wollte sich ihr Chef nicht einlassen: Nach 39 Jahren in der Firma, in denen sie kontinuierlich vorbildlichste Arbeit geleistet hatte, wollte er sie nicht mehr in ihre letzte Position als Führungskraft zurückkehren lassen. Stattdessen bot er ihr einen Job an, der drei Verwendungsgruppen unter ihrem alten lag und für sie rund 50 Prozent weniger Gehalt bedeutet hätte. Darauf konnte und wollte sie sich nicht einlassen. Ihr Chef hatte ihr damit mehr als deutlich zu verstehen gegeben, dass er sie nicht mehr im Betrieb haben und sie schnellstmöglich loswerden wollte. Es war eine übliche Masche, mit der er versuchte, sie aus dem Unternehmen zu drängen. Ihr graute vor dem Bossing und den weiteren Schikanen, die ihr noch bevorstehen würden, um sie zur Kündigung zu bewegen. Dem wollte und konnte sie sich nicht aussetzen, denn das hätte ihre Gesundheit wohl auch nicht mehr mitgemacht. Stattdessen hat sie um eine einvernehmliche Auflösung gebeten und sich dafür eine einjährige bezahlte Dienstfreistellung ausverhandelt, in der sie sich zum Zeitpunkt unseres Gesprächs noch befindet. Wie es für sie weitergehen soll, wenn dieses Jahr ausgelaufen ist, weiß sie noch nicht. Die Corona-Pandemie wird ihre Jobsuche wohl nicht gerade erleichtern, so viel ist klar.

„Ich habe immer diesen riesigen Druck auf mir gehabt, nur ja kein Sozialfall zu werden, weil meine Mutter mich davor unaufhörlich gewarnt hat. Nach 39 Jahren habe ich es erstmals verinnerlicht, dass ich kein Sozialfall mehr werden kann. Die längste Zeit war ich von dieser Angst vor sozialem Abstieg und Armut getrieben. Mich selbst und meine Bedürfnisse habe ich deswegen komplett ignoriert, das hat mich krank gemacht und dauerhaft einiges in mir zerstört. Erst jetzt in der Reha und durch die Therapie hat die ständige Selbstquälerei und Überarbeitung aufgehört. Der Ausstieg aus der Arbeit ist mir gerade noch rechtzeitig gelungen, bevor ich richtig Schaden genommen hätte. Seit ich vom Dienst freigestellt bin, kann ich mich mehr auf meine Eltern konzentrieren, das ist jetzt viel besser als vor einem Jahr. Und nachdem sie mir so geholfen haben, will ich ihnen jetzt ebenfalls helfen", erklärt Susanne. Ihre Eltern sind jetzt 83 und 84 Jahre alt und in einem gesundheitlich schlechten Zustand. Inzwischen muss sie ihnen auch immer wieder beim Anziehen helfen, gerade ihre Schuhe und Hosen für draußen machen ihnen Probleme, das schaffen sie nicht mehr alleine. Wenn ihnen schwindlig ist, muss Susanne ihnen auch beim Waschen helfen, außerdem beim Frisieren und Schneiden der Nägel. Circa vier Stunden pro Tag an sieben Tagen pro Woche ist sie mit der Versorgung ihrer Eltern beschäftigt – wenn sie Termine haben, auch länger. Ihre Eltern können nicht mehr die Treppe hinauf- oder hinuntergehen oder alleine ins Auto ein- bzw. aussteigen. Ihre Mutter kann sich nicht einmal mehr bücken. Beide Eltern gehen mit Krücken, weil sie Knie- und Hüftprobleme haben. Susannes Tage ähneln sich dieser Tage stark. Vormittags geht sie erst eine Runde mit ihrem Vater spazieren, wenn er kann, dann wäscht sie die Wäsche und bügelt, bis ihre Mutter aufsteht. Sie kocht das Mittagessen für die Eltern und wischt ihnen danach ihr Gesicht sauber. Ihr Vater legt sich dann zu einem langen Mittagsschlaf hin, den er braucht, weil er einen Herzfehler hat. Nach ihrem langen Mittagsschlaf sehen die Eltern alleine fern, und Susanne hat Zeit für sich, bis sie ihnen beim Schlafengehen helfen muss. „Geistig sind meine Eltern beide noch voll da, mein Vater löst sogar noch gerne Kreuzworträtsel und liest. Meine Mama kann hingegen nicht mehr nähen oder im Garten arbeiten. Das waren immer ihre Lieblingsbeschäftigungen. Sie ist einsam und traurig, auch weil mein Papa so gut wie taub ist und sie nicht mehr hört. Sie sucht stattdessen meine Gesellschaft und Unterhaltung, braucht jedoch Grenzen, weil sie viel will – und das zu jeder Tageszeit", erklärt mir Susanne am Ende unseres Gesprächs. Sie weiß, dass sie sich nicht wieder immer weiter aufopfern kann, sondern auch auf sich achten muss. Wie sie das zukünftig schaffen soll, wenn es ihren Eltern schlechter geht, ist ihr allerdings ein Rätsel. „Erst wurde ich vom Staat mit meinen Kindern alleine gelassen, heute mit meinen Eltern. Aber ich kann nicht beides, ich kann nicht arbeiten und eine Vollzeitpflegerin sein – niemand kann das, ohne krank zu werden. Was uns Frauen da zugemutet wird, ist nicht zu glauben. Ich war nie eine von diesen Feministinnen, aber ich hätte besser eine sein sollen", so ihre letzten Worte, die sie mir für mein Buch mitgibt.

Wissenswertes

Die letzte Studie, die sich mit den Lebensbedingungen und Armutsrisiken von Alleinerziehenden in Österreich beschäftigt, stammt aus dem Jahr 2011. Es gibt in Anbetracht der Brisanz des Themas verhältnismäßig wenige Informationen über ihre soziale Lage.

In Deutschland gibt es acht Millionen Familien mit minderjährigen Kindern. Davon sind 19 Prozent alleinerziehend. In der Zeit von 1996 bis 2018 ist die Anzahl der Alleinerziehenden von 1,3 Millionen auf 1,5 Millionen angestiegen. Von den 13,1 Millionen Kindern unter 18 Jahren leben inzwischen 18 Prozent mit einem Elternteil im Haushalt. In neun von zehn Fällen ist dies die Mutter. 68 Prozent der Alleinerziehenden mit Kindern unter 18 Jahren waren 2018 erwerbstätig. Viele, die nicht erwerbstätig sind, würden gerne arbeiten. Rund 38 Prozent aller Haushalte von Alleinerziehenden mit minderjährigen Kindern sind in Deutschland derzeit auf staatliche Leistungen angewiesen. Sie und ihre Familien sind wie in Österreich besonders armutsgefährdet. Anders als in Österreich gibt es in Deutschland jedoch einen Unterhaltsvorschuss für Alleinerziehende, die für ihr Kind bis zum vollendeten 18. Lebensjahr keinen oder nicht regelmäßig Unterhalt bekommen.[3]

Die Scheidungsrate erhöhte sich in Österreich von 26,5 Prozent im Jahr 1981 auf 41 Prozent im Jahr 2018. Die mittlere Ehedauer der geschiedenen Ehen verlängerte sich zwischen 1981 und 2018 von 7,7 auf 10,6 Jahre.[4]

Die Österreichische Gesellschaft für Arbeitsqualität und Burnout und das Anton Proksch Institut Wien führten im Auftrag des Sozialministeriums von 2016 bis 2017 eine Burnout-Studie durch. Die Erhebung ergab, dass unter 30-Jährige und 50- bis 58-Jährige besonders häufig von Burnout betroffen sind. Insgesamt befanden sich schon 44 Prozent in einer Burnout-Spirale, nur 52 Prozent waren als gesund zu betrachten. 19 Prozent befanden sich in einem frühen „Problemstadium" dieser

Störung, 17 Prozent in einem „Übergangsstadium" und 8 Prozent im Endstadium, waren also schon krank. 4 Prozent der Bevölkerung gelten laut der Studie als „rein depressiv", also auch ohne Burnout. Depressionen können jedoch auch ein Teil von Burnout sein. Während im ersten Stadium die Überlastung von Betroffenen zumeist unerkannt bleibt, wird das im zweiten Stadium zwar erkannt, aber mit einer völligen Zentrierung auf die Arbeit beantwortet. Der Zusammenbruch durch die Überarbeitung im dritten Stadium bewirkt schließlich die völlige Erschöpfung, Arbeitsunfähigkeit und Depressionen. Geschlechtsunterschiede konnten in der vorliegenden Studie nicht gefunden werden.[5]

In Deutschland gibt es **8 Millionen** Familien **mit minderjährigen Kindern.**

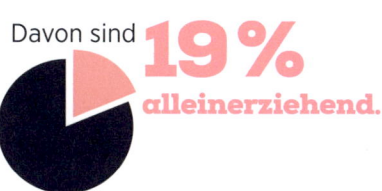

Davon sind **19 %** **alleinerziehend.**

In der Zeit von 1996 bis 2018 ist die **Anzahl der Alleinerziehenden** von **1,3 Mio.** auf **1,5 Mio.** angestiegen.

Von den 13,1 Millionen Kindern unter 18 Jahren leben inzwischen **18 %** **mit nur einem Elternteil** im Haushalt.

In **neun von zehn** Fällen ist dies **die Mutter.**

68 % **der Alleinerziehenden** mit Kindern unter 18 Jahren waren 2018 **erwerbstätig.**

DIE
HOFFNUNGS
TRÄGERIN

DIE HOFFNUNGSTRÄGERIN

Als ich Laura wie verabredet am 12. August 2020 um acht Uhr abends für unser Gespräch anrufe, ist sie leicht außer Atem, während sie mich freudig begrüßt. Schnell frage ich sie, ob ich mich später noch einmal melden soll und ob sie noch ein wenig Zeit braucht, aber sie winkt sofort ab: „Ich war nur noch schnell duschen nach dem Essen. Aber ich freue mich und habe Zeit, wir können gleich anfangen." Bis vor einer Stunde war sie noch in der Arbeit, und weil es dort heute wieder sehr heiß gewesen sei, habe sie unbedingt eine kühle Dusche gebraucht. Laura ist 22 Jahre jung und hat am Telefon eine noch viel jüngere Stimme. Sie arbeitet als Kassiererin und in der Pflanzenabteilung in einem Baumarkt – ein harter Job, weil sie morgens schon um sieben Uhr mit der Arbeit beginnt und erst um 19 Uhr wieder damit fertig ist. Eigentlich hat sie in dem Baumarkt als reine Kassiererin begonnen, aber da sie schon über dreieinhalb Jahre dort Vollzeit arbeitet, ist sie inzwischen auch als Springerin für alles andere im Einsatz. In der Regel ist sie zu 80 Prozent hinter der Kassa und zu 20 Prozent der Pflanzenabteilung zugeteilt. Am liebsten ist sie jedoch an der Kassa, weil sie dort die meiste Routine hat und blind arbeiten könnte, ohne dass ihr ein Fehler passiert, wie sie sagt. Gerade erst seien drei ihrer Kolleginnen gekündigt worden, deswegen gebe es für sie aktuell überall mehr als genug zu tun.

Auf dem Papier hat sie einen Arbeitsvertrag mit einer 40-Stunden-Woche. Aktuell arbeitet sie aber 44 bis 45 Stunden pro Woche, in der Hauptsaison von März bis Juni normalerweise sogar 60 bis 70 Stunden pro Woche. „Dieses Jahr war das wegen Corona zumindest einen Monat lang anders. Wir hatten ab 15. März für vier Wochen geschlossen, ehe wir wieder aufsperren durften, und da wurden wir alle rückwirkend vom 1. bis zum 31. März zur Kurzarbeit angemeldet. Ich bin aber trotzdem täglich zur Arbeit gegangen, weil wir ja auch Bestellungen für den Online-Shop zusammenstellen und die Pflanzen gießen mussten. Obwohl ich zu 90 Prozent zur Kurzarbeit angemeldet war, arbeitete ich tatsächlich 20 Stunden pro Woche. Bei meinen Kolleginnen war es genau das Gleiche, die haben das mit uns allen so gemacht", erklärt sie, warum sie diesen Frühling zumindest einen ruhigen Monat hatte. Als die vier Wochen vorbei waren und der Baumarkt wieder geöffnet hatte, sah es jedoch ganz anders aus: „Im Monat danach haben die das Geschäft ihres Lebens gemacht! Wir hatten Umsatzsteigerungen von 60 bis 70 Prozent im Vergleich zum Vorjahr. Die Pflanzen, die während des Lockdowns eingegangen sind, wurde alle von der Versicherung ersetzt. Die Umsatzeinbußen wurden mehr als kompensiert, wir hatten wirklich super Verkaufszahlen! Das Geschäft boomte, weil während der Ausgangsbeschränkung alle ihre Gärten und Wohnungen verschönern wollten. Trotzdem haben sie noch im Juni zwei Kolleginnen mit Vollzeitverträgen rausgeschmissen, weil der Umsatz angeblich schlecht gewesen sein soll – aber wir wissen alle, dass das nicht stimmt. Zwei Tage später erzählte uns die Geschäftsführung dann ja auch selbst wieder das Gegenteil. Und nun, letzte Woche, haben sie wieder eine Kollegin vor die Tür gesetzt, obwohl unsere Filiale auf Platz eins der Umsätze von allen Geschäften in ganz Österreich ist. Das tut mir echt leid, weil ich sie sehr gern hatte!"

Das war auch der Grund, warum sie mit mir für dieses Buch sprechen wollte: Sie fand es nicht in Ordnung, wie sie und ihre Kolleginnen behandelt wurden. Sie mussten sich während des Shutdowns mit nur 80 Prozent ihres Gehalts zufriedengeben, von tatsächlich so viel kürzeren Arbeitszeiten konnte bei ihnen jedoch keine Rede sein. Der Baumarkt bereicherte sich auf Kosten der Allgemeinheit und nutzte die Situation einfach schamlos aus. Und als ob es nicht schlimm genug wäre, dass der Baumarkt Profit mit der Krise machte, wurden auch noch ihr liebe Kolleginnen, die sich nichts zuschulden hatten kommen lassen, gekündigt. Für den Rest der Belegschaft wurde die Arbeitsbelastung wegen der Gier der Geschäftsführung immer höher – immerhin waren sie in der riesigen Filiale schon vor den Kündigungen nur 22 Beschäftigte, von denen nur fünf Vollzeit arbeiteten. Drei der fünf Vollzeitbeschäftigten waren zudem Führungskräfte, die nicht bereit waren, überall mit anzupacken – das waren zugleich auch die einzigen Männer im Betrieb. Von den Kolleginnen, die Teilzeitverträge hatten, konnten zudem nur zwei nachmittags arbeiten, die anderen hatten kleine Kinder, um die sie sich kümmern mussten. Wegen des hohen Andrangs im Geschäft mussten sie alle in den letzten Monaten statt fünf sechs Tage pro Woche arbeiten. In den Zeiten, in denen die Lebensmittelgeschäfte alle bereits um 19 Uhr schließen mussten, kamen sie daher nicht einmal mehr zum Einkaufen, weil sie ja selbst den ganzen Tag im Geschäft standen. Wochenlang ernährten sich Laura und ihr Freund, der selber in einem Lager im Dauereinsatz war, nur von Kleinigkeiten, die sie in ihren Mittagspausen zwischendurch schnell besorgen konnten. Ein „Danke" für ihre unzähligen Überstunden und ihren Einsatz hörten sie und ihre Kolleginnen im Baumarkt nie, nicht einmal in der Phase der Kurzarbeit während des Shutdowns.

Abgezockt und ausgebeutet

Leider sind Raffgier und Betrug mit der Kurzarbeit während der Pandemie wesentlich weiter verbreitet, als man glauben möchte. Eigentlich sollte der Staat, also wir, die Allgemeinheit, den Unternehmen nur die Stunden ersetzen, die wegen Corona nicht mehr gearbeitet werden können. Die Arbeitsstunden, die trotz Corona geleistet werden, sollten die Arbeitgeber natürlich selbst finanzieren. Doch die Finanzpolizei musste bereits im Juni 150 Anzeigen wegen Kurzarbeitsbetrugs einbringen. Kontrolliert werden konnten nur knapp 2.500 Betriebe bzw. 10.000 Beschäftigte in Kurzarbeit. Wenn man bedenkt, dass in Spitzenzeiten bis zu 1,3 Millionen Beschäftigte in Kurzarbeit waren, ist das eine verschwindend geringe Anzahl an Kontrollen, die zudem aufgrund äußerst mangelhafter und nur schwer nachvollziehbarer Arbeitszeitaufzeichnungen im Homeoffice natürlich massiv erschwert wurden. Kontrollen, die im gleichen Zeitraum nach dem Ausländerbeschäftigungsgesetz, dem Allgemeinen Sozialversicherungsgesetz, dem Arbeitslosenversicherungsgesetz, dem Lohn- und Sozialdumping-Bekämpfungsgesetz sowie dem Arbeitszeitgesetz durchgeführt wurden, ergaben weitere rund 1.200 Übertretungen. Bei der Beschäftigung von ausländischen Arbeitskräften kommt es in Österreich grundsätzlich häufig zu Betrug und Ausbeutung: Im Jahresschnitt wurden 2019 rund 10 Prozent von ihnen rechtswidrig unterhalb des Kollektivvertrags entlohnt und somit um einen Teil des ihnen zustehenden Lohns gebracht. Wegen widerrechtlich vorenthaltener Melde- oder Lohnunterlagen musste die Finanzpolizei weitere rund 2.100 Strafanträge stellen und Geldstrafen in Höhe von 8,4 Millionen Euro beantragen. Als Beispiele für den Betrug nannte das Finanzministerium etwa 14 nicht zur Versicherung angemeldete Beschäftigte auf einer Wiener Großbaustelle. Bei näherer Überprüfung stellte sich heraus, dass diese bisher sehr wohl bei dem Unternehmen gemeldet waren, aber mit Beginn der

Krise abgemeldet wurden und seither einfach undokumentiert weiterarbeiten mussten – für die Bauarbeiter eine Katastrophe, weil sie dadurch um ihre Versicherung und ihren Lohn geprellt wurden, und ein Diebstahl an allen anderen Beschäftigten, die in die Sozialversicherung einzahlen. Ein anderes Unternehmen hatte die gesamte Belegschaft zu 90 Prozent zur Kurzarbeit angemeldet und einfach alle ganz normal ihre volle Arbeitsleistung erbringen lassen – eine Sauerei gegenüber der Allgemeinheit, die dadurch mit Steuergeldern direkt das Unternehmen subventionierte, während die Beschäftigten dort um 20 Prozent ihres Gehalts umfielen.[1]

Wie die meisten Beschäftigten trauten sich Laura und ihre Kolleginnen und Kollegen jedoch nicht, den Betrug ihres Arbeitgebers zur Anzeige zu bringen, weil sie auf ihre Jobs angewiesen waren und fürchteten, diese zu verlieren, wenn sie den Mund aufmachten. Also fügten sie sich ihrem Schicksal.

Kurzarbeitsbetrug

Im Juni 2020 wurden **150 Anzeigen wegen Kurzarbeitsbetrugs** von der Finanzpolizei eingebracht. Kontrolliert wurden nur **2.500 Betriebe** bzw. **10.000 Beschäftigte.**

Laura ist gekränkt und verärgert, trotz ihres so friedlich-freundlichen Gemüts. Von ihrem Wesen her ist sie nämlich wirklich ein außerordentlich bodenständiger, bescheidener und umgänglicher Typ. Sie ist mir sofort sympathisch, und schon nach einer kurzen Zeit unseres Gesprächs kann ich nicht mehr anders, als sie zu mögen, weil sie so nett, sozial und sensibel über ihr ganzes Umfeld spricht. Kein einziges böses Wort hat sie bisher in ihrem Bericht über jemanden verloren. Selbst als sie ihren Chef dafür kritisiert, dass sie so viel arbeiten mussten, dass sie ihre Überstunden nicht mehr abbauen konnten, nimmt sie ihn unmittelbar danach in Schutz und erklärt, dass er auch nur macht, was ihm der Geschäftsführer anordnet. Und auch, dass es dem neuen Geschäftsführer einfach nur darum geht, der Eigentümerin eine besonders positive Bilanz vorweisen zu können, sei ihr klar. Doch sie muss ihre tägliche Arbeit quasi in einem riesigen Glashaus ohne Klimaanlage oder Lüftung machen und leidet darunter stark. Im Gewächshaus des Baumarkts hat es konstant fünf bis sechs Grad mehr als draußen, im Juli und August gab es Tage, an denen das Thermostat an der Kassa auf bis zu 44 Grad kletterte. „Ich muss den ganzen Tag an der Kassa stehen, kann nicht weg und darf nicht sitzen, weil Stühle bei uns nicht erlaubt sind. Ich habe nur drei Pausen pro Tag, zwei kurze von 15 Minuten am Vormittag und am Nachmittag sowie eine Stunde zu Mittag, und das war's. Das ist in der Hitze mit der hohen Luftfeuchtigkeit durch die Pflanzen extrem anstrengend. Den älteren Damen bei uns haut es deswegen regelmäßig den Kreislauf zusammen. Mit dem Mund-Nasen-Schutz, den wir jetzt immer tragen müssen, kriegt man außerdem weniger gut Luft, das macht alles noch anstrengender, und man schwitzt mehr. Trotzdem muss immer alles tipptopp sauber sein. Uns werden keine Fehler verziehen, und wir dürfen auch nicht langsamer arbeiten", erzählte sie traurig.

Ihr Job im Handel erlaubt ihr nur wenig Geld zurückzulegen, aber sie spart eisern, weil sie unbedingt studieren will und ihr bewusst ist, dass ihr ihre Eltern dabei nicht helfen können. Sie muss sich ihr Studium selbst finanzieren, dafür arbeitet sie so hart. Die Gehälter im Handel – auch wenn dieser systemrelevant ist – sind niedrig. In Relation zu dem, was die großen Handelskonzerne ihren Beschäftigten durchschnittlich bezahlen, ist Lauras Einkommen mit rund 1.800 Euro brutto pro Monat für ihr Alter und ihre kurze Berufserfahrung im oberen Mittelfeld. Rund 228.000 Beschäftigte arbeiten als KassiererInnen oder RegalbetreuerInnen im Einzelhandel, ganze 86 Prozent von ihnen sind Frauen. Ihr durchschnittliches Netto-Monatseinkommen liegt bei nur 1.258 Euro. Ihre

KassiererInnen oder RegalbetreuerInnen
im Einzelhandel: **228.000**

Davon sind

86% FRAUEN.

Durchschnittliches
Netto-Monatseinkommen:

1.258 €

Nur ca. 50%
haben fixe Arbeitszeiten.

91%
aller Beschäftigten im
Handel müssen auch an
Samstagen arbeiten.

Arbeitszeiten verlangen ihnen dafür einiges ab, nur circa die Hälfte von ihnen hat überhaupt weitestgehend fixe Arbeitszeiten, 28 Prozent haben Schichtarbeit und nur 3 Prozent die Möglichkeit, selbst flexibel zu sein und Gleitzeit zu nutzen. 19 Prozent von ihnen müssen auf Abruf arbeiten, obwohl das in Österreich rechtlich gesehen und ohne Bereitschaftsvereinbarung und Entschädigung eigentlich gar nicht vorgesehen ist. Mit 91 Prozent müssen fast alle Handelsbeschäftigten auch an Samstagen arbeiten, was unter Berücksichtigung der Tatsache, dass die meisten von ihnen Frauen und über ein Drittel Mütter von kleinen Kindern sind, eine enorme Belastung darstellt. Mit nur 71 Prozent entsprechend gering ist die Arbeitsplatzzufriedenheit in der Branche – kein Wunder, geben doch immerhin 70 Prozent der Beschäftigten im Handel an, nur knapp oder nicht mehr mit ihrem Einkommen auszukommen. Jede/r Fünfte unter ihnen befürchtet, im Alter nicht von der Pension leben zu können.[2] Es ist ein harter Job mit niedrigem Einkommen und anstrengenden Arbeitszeiten, aber einer der Jobs in

Österreich mit der höchsten Anzahl an Beschäftigten. Gut ein Jahr muss Laura ihren Job im Baumarkt noch Vollzeit durchhalten, dann hat sie endlich Anspruch auf das Selbsterhalterstipendium für Studierende, auf das sie hinarbeitet.

Als Arbeiterkind zur Uni

Nächstes Jahr will Laura also unbedingt ihr Studium an der Universität in Salzburg beginnen. Die erste Hürde, den Umzug vom Land in die Stadt, hat sie schon geschafft. Schon das war nicht einfach, weil ihr ihre Eltern auch dabei nicht finanziell unter die Arme greifen konnten. Sie wurde nicht mit dem goldenen Löffel im Mund geborgen, sondern musste ganz im Gegenteil schon in ihrer Jugend lernen, dass Geld, wenn man es nicht hat oder erbt, hart erarbeitet werden muss – und dass es in unserer Gesellschaft alles andere als gerecht zugeht. Um sich in ihrer Zeit in der Handelsakademie die Dinge leisten zu können, die für viele ihrer MitschülerInnen wie selbstverständlich vom Himmel fielen, musste sie arbeiten gehen. Schon ab ihrem 16. Lebensjahr hatte sie einen (damals noch geringfügigen) Job als freie Dienstnehmerin in einer Konditorei. Während andere am Wochenende Party machten, ging sie schon mit 16 Jahren 12 Stunden pro Woche arbeiten. Sie sah, wie schwer es ihre Eltern ohnehin hatten, die Miete zu bezahlen und das Essen auf den Tisch zu bringen, da wollte sie ihnen nicht noch weiter zur Last fallen. Sie verzichtete auf ihr Taschengeld, auch wenn ihre Mutter von sich aus wohl eher zwei Tage nichts gegessen hätte, als es ihr nicht mehr zu geben. „Meine Mama hätte das letzte Hemd für meine Geschwister und mich gegeben, wir hatten nie Hunger, es gab immer Strom, Internet und alles andere, was wir brauchten. Wie meine Eltern das trotz ihrer finanziellen Probleme immer wieder hinkriegten, weiß ich nicht. Aber sie schafften es, dass es uns an nichts fehlte. Ich bekam für die Schule sogar immer die guten

Filzstifte, die ich mir so wünschte, und nicht die schlechten vom Discounter. Deswegen wollte ich aber ab meinem 16. Geburtstag auch selbst arbeiten, damit ich das alles selber bezahlen konnte und sich meine Eltern zumindest deswegen nicht mehr sorgen mussten. Und ja, ich habe in den schlimmsten Zeiten auch meine Eltern mit meinem Einkommen unterstützt, weshalb meine Mutter heute noch ein schlechtes Gewissen hat. Das muss sie aber gar nicht, ich habe das gerne gemacht, auch weil es mich selbst stolz auf mich gemacht hat. Dass wir so viele Probleme als Familie gemeinsam überwunden haben, hat uns auch sehr eng zusammengeschweißt, wir haben einen super Familienzusammenhalt, und das bedeutet mir sehr viel", beschreibt mir Laura ihre Zeit in der Oberstufe.

Diese noch so junge Frau macht auf mich einen wirklich beeindruckend reifen und verantwortungsbewussten Eindruck. Kein Funke Selbstmitleid, keine Wehmut oder Verbitterung liegen in ihrer Stimme, stattdessen klingt sie fröhlich und energiegeladen, während sie mir von Erfahrungen erzählt, an denen andere Menschen immer wieder zerbrechen. Als ich mich danach erkundige, ob das nicht auch hart für sie in der Schule war, antwortet sie nur ganz locker: „Über so was redet man ja nicht, auch mit der besten Freundin nicht. Und die Armut hat man mir nicht angesehen, weil ich zwar nicht die teuerste Markenkleidung, aber doch immer ordentliche Kleidung trug und ein Handy hatte, so wie alle anderen auch. Gearbeitet haben natürlich nicht viele in der Klasse: Außer mir waren es von uns 28 Schülern nur noch zwei andere, aber das war's dann auch schon. Probleme bereitete es mir eher, dass ich wegen meines Aussehens gehänselt wurde – und dass ich so einen langen Schulweg hatte. Meine Schule, meine Arbeit, meine Freundinnen, das war alles in Salzburg. Ich musste jeden Tag zwischen einer Dreiviertelstunde und eineinhalb Stunden lang mit dem Postbus hin- und zurückfahren. Die Schule war meist gegen 15 Uhr vorbei, aber der Bus ging erst um 16 Uhr 30, und weil der Postbus nicht in dem Dorf hielt, in dem wir wohnten, musste mich auch noch immer die Mama oder der Papa mit dem Auto zur Bushaltestelle fahren. Das war echt mühsam." Laura hatte schon früh die Gabe, Schwierigkeiten wegzustecken, zu überwinden und optimistisch zu bleiben – eine Resilienz, für die ich sie bewundere, so wie für ihren außerordentlich schönen Charakter. Laura ist zudem sehr hübsch, gehänselt wurde sie wegen ihres Aussehens nicht deshalb, weil sie als unattraktiv wahrgenommen worden wäre, das wäre bei ihrem sympathischen Lächeln auch gar nicht möglich. Stattdessen wurde sie beleidigt und diskriminiert, weil sie weder blond noch blauäugig war. Ihr leiblicher Vater ist ägyptischer Abstammung, deswegen wurde ihr unterstellt, keine Österreicherin zu sein. Rassistische Mitmenschen hielten sie für eine Türkin und griffen sie deshalb an – auch in der Schule, wo sie sich am schwersten dagegen zur Wehr setzen konnte. Ein Lehrer, der sie in Mathematik unterrichtete, hatte es besonders auf sie abgesehen, während sie in allen anderen Fächern ausschließlich mit „Sehr gut" oder „Gut" beurteilt wurde, ließ er sie wegen eines halben Punktes in der letzten Schularbeit nicht zur Matura antreten. Ihre offene Freundlichkeit und ihre mitfühlende Art anderen Menschen gegenüber hat sie sich ungeachtet dessen bewahren können.

Als sie mit 18 – ohne Ersparnisse und nur mit ihrem kleinen Einkommen von rund 800 Euro pro Monate mit ihrem Freund gemeinsam eine Wohnung in Salzburg bezog, mussten sie ihren Haushalt ohne Mitgift ihrer Eltern gründen. Sie waren dazu gezwungen, einen teuren Konsumkredit über 7.000 Euro aufzunehmen, um zumindest die Kaution, den Umzug und die wichtigsten Einrichtungsgegenstände, wie eine Waschmaschine und einen Kühlschrank, finanzieren zu können. Über Monate kauften sie sich langsam Stück für Stück zusammen, was sie brauchten. „Wir hatten eben das erste halbe Jahr keine Kaffeemaschine, keinen Mixer oder eine Küchenwaage, weil wir uns das nicht alles auf einmal leisten konnten. Aber das war nicht weiter schlimm, man kann auch eine längere Zeit ohne diese Dinge leben. Uns war es wichtig, schnell den Kredit wieder abzubezahlen, und das haben wir immerhin innerhalb von drei Jahren geschafft. Danach war dann auch unser Haushalt komplett", sagt Laura stolz. Die beiden hatten eine Miete von 600 Euro monatlich für 35 Quadratmeter zu stemmen. Damit sich das ausging, begannen sie beide, Vollzeit zu arbeiten und ihre Bildungspläne weiter in die Zukunft zu verschieben. Ihre finanzielle Situation musste sich erst verbessern und stabilisieren, davor war für Laura an den Luxus Universität nicht zu denken. Sie begann also, Vollzeit im Baumarkt zu arbeiten, und ihr Partner in einem Lager.

Die ersten drei bis vier Monate hatten sie kaum genug Geld, um sich die Lebensmittel und Hygieneprodukte des täglichen Bedarfs kaufen zu können. „Das Schlimmste war für mich in dieser Zeit, dass ich meinen Geschwistern nichts zu Weihnachten schenken konnte. Das traf mich wirklich hart, weil ich ihnen diese Freude immer so gerne gemacht hatte, weil sie von unseren Eltern ohnedies nicht allzu reich beschenkt werden konnten. Das war das einzige Mal, dass ich sehr schwer damit zurechtkam, kein Geld zu haben." Da sie in bescheidenen Verhältnissen aufgewachsen ist und erlebt hat, wie es ist, in Armut zu leben, ist sie bis heute sehr sparsam und sagt von sich selbst, immer fünfmal zu überlegen, ob sie etwas tatsächlich braucht, bevor sie es kauft, weil sie auch weiß, wie es ist, nichts zu haben. Sie meint, für ihre Verhältnisse jetzt quasi im Luxus zu leben, und sie genießt es, sich nicht mehr wegen Geld sorgen zu müssen. Darum will sie auf diese Sicherheit auch während ihres Studiums nicht verzichten und unbedingt weiterhin von ihrem Partner unabhängig sein. Mit dem Selbsterhalterstipendium wird das für sie möglich sein. Mit den rund 900 Euro Stipendium monatlich und einer geringfügigen Beschäftigung wird sie auf rund 1.300 Euro pro Monat kommen. Bis dahin gilt es jedoch eine gewisse Einkommensgrenze zu erreichen, sonst wird die Zeit der Berufstätigkeit nicht anerkannt. Bis sie die notwendige Zeit der anerkannten Erwerbstätigkeit erreicht hat, muss sie noch ein gutes Dreivierteljahr arbeiten.

Soziale Auslese

Das österreichische Bildungssystem ist voller Ungerechtigkeiten und sozial extrem selektiv. Bildung wird im deutschsprachigen Raum mit seinem seit hundert Jahren gleichen Schulsystem vererbt. Zudem wird sie viel mehr innerhalb der Familie weitergegeben als in der Schule vermittelt, wo das eigentlich passieren sollte. Dieser Missstand führt dazu, dass alle, deren Eltern nicht selbst über eine formal höhere Bildung verfügen, stark benachteiligt werden. So liegt in Österreich die Wahrscheinlichkeit, es auf eine Hochschule zu schaffen, für Personen, deren Eltern Matura haben, mehr als doppelt so hoch wie für jene, deren Eltern keine Matura haben.[3]

Dieser Mangel wird in Österreich auch nicht besser, sondern im Gegenteil immer schlechter, es wird sogar ein stetiger Rückgang von Studierenden aus ärmeren und formal gering gebildeten Haushalten verzeichnet. Zwischen 2015 und 2019 ist der Anteil von StudienanfängerInnen aus niedriger und mittlerer Schicht zusammen um zwei Prozentpunkte gesunken, während der Anteil von StudienanfängerInnen aus betuchtem Hause um zwei Prozentpunkte gestiegen ist.[4] Und dabei bleibt es nicht, weil es aus eigener Kraft und mit kleinem Budget so wie bei Laura natürlich auch eine viel größere Herausforderung darstellt, eine Hochschule zu besuchen. Studierende, deren Eltern ein formal niedrigeres Bildungsniveau haben, nehmen nicht nur seltener, sondern tendenziell auch später im Leben ein Studium auf. Studierende mit Eltern mit maximal Pflichtschulabschluss sind bei Erstzulassung im Schnitt um vier Jahre älter als Studierende, deren Eltern ein Studium abgeschlossen haben.[5]

Lauras Mutter hatte in ihrer Jugend immerhin die Möglichkeit zu maturieren, ihr Vater nicht. Studiert hat in Lauras Familie vor ihr noch niemand, deswegen kann ihr keiner mit Tipps zur Seite stehen oder ihr erklären, wie sie sich an der Uni am besten zurechtfindet und organisiert. Sie wird Pionierarbeit leisten müssen, auch das wird es ihr schwerer machen. Nichts-destotrotz ist sie fix entschlossen, nächstes Jahr entweder mit Wirtschaftsrecht oder mit Betriebswirtschaft zu beginnen und das Studium auch durchzuziehen. Vor der Studienberechti-gungsprüfung hat sie keine Angst, schließlich wird ihr durch ihre fünf Jahre an der Handelsakademie einiges angerech-net werden, und gerade in den relevanten Fächern war sie in der Schule sehr gut. Kurse wird sie keine dafür besuchen, das könnte sie auch gar nicht, weil ihr das viel zu teuer wäre, und so wird sie sich im Heimstudium selbst vorbereiten.

In Österreich liegt **die Wahrscheinlichkeit,** es an **eine Hochschule zu schaffen,** für Personen, deren Eltern **Matura** haben, **mehr als doppelt so hoch** wie für jene, deren Eltern keine Matura haben.

Auch wenn ich nicht im Geringsten daran zweifle, dass Laura ihren Wunsch in die Tat umsetzen wird, so zeigen Erhebungen unter Studierenden doch, dass Menschen wie Laura zur Minder-heit an den österreichischen Hochschulen gehören. Nur jeder/jede zehnte BildungsinländerIn kommt über den zweiten Bil-dungsweg an eine Hochschule. Und obwohl Frauen mit 54 Pro-zent deutlich häufiger ein Hochschulstudium aufnehmen als Männer, bei denen es nur 39 Prozent sind, treten über den zwei-ten Bildungsweg mehr Männer in Hochschulen ein als Frauen.[6] Bei Laura kommen statistisch betrachtet gleich drei Hürden gleichzeitig ins Spiel: ihr Geschlecht, ihre soziale Herkunft und der Migrationshintergrund ihres leiblichen Vaters. Denn StudienanfängerInnen, deren Eltern ein höheres Bildungsniveau aufweisen, sind an Hochschulen im Vergleich zur inländischen Wohnbevölkerung überrepräsentiert. Im Laufe des Studiums geht die Benachteiligung von Studierenden aus der ArbeiterIn-nenklasse weiter. Der Anteil von Studierenden mit finanziellen

Schwierigkeiten ist unter jenen, die ein Selbsterhalterstipendium beziehen, mit 27 Prozent überdurchschnittlich hoch, und Studierende mit Eltern ohne Matura sind zudem – auch unabhängig davon, dass sie tendenziell älter sind – ebenfalls häufiger von finanziellen Schwierigkeiten betroffen als Studierende aus AkademikerInnenhaushalten.

Laura lässt sich durch all das nicht einschüchtern, denn brillant, wie sie ist, weiß sie aus ihrer Geschichte und Situation auch Positives abzuleiten: „Bei mir ist es genau umgekehrt wie bei anderen, weil ich nicht schnell die Schule und die Uni durchziehe, um mir dann einen guten Job zu suchen. Aber dafür habe ich ein ganz anderes Durchhaltevermögen als die meisten anderen, ich weiß Kleinigkeiten zu schätzen und habe bereits vor dem Studium Berufserfahrung. Ich bin seit meinem 19. Lebensjahr komplett selbstständig und führe meinen eigenen Haushalt. Ich habe deswegen keinen Stress damit, ein paar Jahre später zu studieren, und es wird auch Arbeitgeber geben, die meinen Lebenslauf, meine Erfahrung und meine Reife zu schätzen wissen. Bei mir sieht man, dass ich die Dinge, die ich mache, auch ernst nehme und durchziehe. Für mich ist ein Studium kein Spaß, sondern eine ernsthafte Investition in meine Zukunft."

Abschließend, nachdem sie mich in diesem Gespräch so beeindruckt hat, frage ich sie noch, ob sie mir etwas erzählen will, was in ihrer Geschichte unbedingt vorkommen sollte, und sie sagt: „Eigentlich mache ich meinen Job im Baumarkt eh sehr gerne. In der Nebensaison, im Winter und Herbst, ist alles auch wesentlich angenehmer als jetzt, da muss ich auch nur von 8 Uhr morgens bis 18 Uhr 30 arbeiten. Nur im Sommer ist es die Hölle, solange die uns keine Klimaanlage einbauen wollen. Und wir sorgen uns alle wegen unserer Überstunden. Die werden uns grundsätzlich nicht ausbezahlt, sondern durch Zeitausgleich abgegolten, den sie uns vorgeben. Doch jetzt haben wir wegen Corona so viele, dass niemand weiß, wie sich das ausgehen soll. Der Filialleiter würde sie uns gerne abbauen lassen, aber die Zentrale hat uns schon früher die Überstunden am Ende des Jahres einfach abgeschnitten, und weg waren sie. Wir hoffen sehr, dass zumindest das dieses Jahr anders läuft – wenn wir schon kein ‚Danke' für unseren Einsatz während der Pandemie bekommen haben."

Wissenswertes

Beschäftigte in systemrelevanten Berufen werden nicht nur schlecht bezahlt, sie erhalten für ihre Arbeit auch kaum Anerkennung. 60 Prozent aller systemrelevanten Beschäftigten arbeiten in einem der fünf Berufe mit dem geringsten Berufsprestige, davon allein 22 Prozent im Einzelhandel und 16 Prozent in der Reinigung. ÄrztInnen und ApothekerInnen stellen nur 2 Prozent der Beschäftigten in „systemrelevanten" Berufen. Arbeit zu Randzeiten, also zum Beispiel nachts, frühmorgens oder am Wochenende, ist eines der zentralen Charakteristika der meisten „systemrelevanten" Berufe. Für die meisten Kassakräfte und RegalbetreuerInnen im Einzelhandel gehört etwa der Samstag zur Arbeitswoche. Pflegebedienstete, ÄrztInnen und Beschäftigte der öffentlichen Sicherheit müssen mehrheitlich auch sonntags oder nachts ihren Dienst verrichten. Rund 70 Prozent des medizinischen und des Pflegepersonals geben darüber hinaus an, zumindest gelegentlich auch Überstunden machen zu müssen. Unter Handelsangestellten, Bankangestellten und LehrerInnen sind es rund zwei Drittel.[7]

Andere Beschäftigte, wie z. B. BerufsfahrerInnen, LieferantInnen oder Reinigungskräfte, arbeiten unter körperlich enorm belastenden Arbeitsbedingungen, dazu kommt oft noch eine hohe Unfall- und Verletzungsgefahr im Job. Auffällig ist, dass vor allem die psychosozialen Belastungen in den jetzigen „systemrelevanten" Berufen hoch sind, etwa Zeitdruck in Kombination mit überlangen Arbeitszeiten oder Isolation in der Arbeit. Besonders in den traditionell weiblich dominierten Berufen wie z. B. unter Reinigungskräften, KassiererInnen, PflegerInnen oder medizinischen AssistentInnen sind die psychosozialen Belastungen überdurchschnittlich hoch. Das hat damit zu tun, dass gerade in der professionellen sozialen Arbeit die Arbeitsverdichtung und Hetze steigen und dementsprechend auch die Beschäftigten häufig schon im mittleren Alter über körperliche und psychische Abnutzungen und Überlastungen klagen. Die hohen Arbeitsbelastungen führen bei Beschäftigten in den systemrelevanten Berufen auch vermehrt dazu, dass viele nicht glauben, ihren Job bis zur Pension ausüben zu können.[8]

20 Prozent der BildungsinländerInnen an öffentlichen Universitäten haben ihr Studium mit einer Verzögerung aufgenommen, sie haben mit 59 Prozent mehr als doppelt so häufig Eltern ohne Matura wie jene mit direktem Studienbeginn mit 32 Prozent. BildungsinländerInnen mit verzögertem Übertritt sind zudem häufiger und in höherem Ausmaß erwerbstätig als Studierende mit direktem Übertritt. Sie arbeiten durchschnittlich um sieben Stunden mehr pro Woche, investieren aber dennoch nur zwei Stunden weniger Zeit in ihr Studium.[9]

60 % aller systemrelevanten Beschäftigten arbeiten in einem der fünf Berufe mit dem **geringsten Berufsprestige,** davon allein **22 % im Einzelhandel** und **16 % in der Reinigung.**

ÄrztInnen und ApothekerInnen stellen **nur 2 %** der Beschäftigten in „systemrelevanten" Berufen.

ZURÜCK AN DEN HERD

ZURÜCK AN DEN HERD

Mit Sandra bin ich über Twitter in Kontakt gekommen – schließlich wurden die Belastungen für uns Frauen während des Shutdowns auch auf Social Media von uns besprochen. Es kam länderübergreifend zu denselben Problemen, im gesamten deutschsprachigen Raum fühlten sich Frauen im Stich gelassen. Wir verstanden einander, denn wir saßen alle im gleichen Bot. Die Wut, die sich in uns angestaut hatte, die Enttäuschung und das Wissen um die allgemeine Erschöpfung verbanden uns. Im gegenseitigen Austausch fühlten wir uns bestärkt, denn manchmal hilft schon das Gefühl, gehört und verstanden zu werden, damit es einem besser geht. Den Grund, warum Sandra mir für mein Buch von ihrer Lage berichten will, hat sie mir selbst in einer Nachricht genannt: „Die Reihenfolge der Öffnungen in Deutschland spiegelt die Prioritäten in diesem Land wider: Zuerst kommen Autohäuser, Baumärkte und Fußballspiele. Wie Menschen, die Verantwortung für andere übernommen haben – egal ob in der Pflege von Angehörigen oder in der Kinderbetreuung –, immer wieder einfach ignoriert werden, ist so hart und ermüdend. Es war ja nie anders, nur ist es jetzt offensichtlicher und auch schlimmer geworden." Sie schrieb mir, weil sie ebenso eine der unzähligen Frauen ist, die darüber entsetzt sind, wie wenig Unterstützung wir Frauen in dieser Krise bekommen.

Sandra lebt in Berlin, ist 40 Jahre alt und Mutter einer dreijährigen Tochter. An einem Vormittag Ende August finden wir endlich Zeit für unseren Telefontermin, zu dem wir uns verabredet haben. Da unser erster Kontakt inzwischen schon wieder einige Monate her ist, erkundige ich mich erst einmal, wie es ihr geht und ob sich an ihrer Lage inzwischen etwas verändert hat. Und zumindest zwei gute Neuigkeiten gibt es: Ihre Tochter darf nach schier endlosen Wochen in ihrer Zweizimmerwohnung wieder in die Kindertagesstätte gehen. Das ständige Zusammenkleben auf 60 Quadratmetern ohne Garten oder Balkon hat ein Ende. Und nach neun langen Monaten des Wartens hat sie endlich ihren Bescheid vom Rentenversicherungsträger bekommen. „Neun Monate – in dieser Zeit bekommen andere ein Kind", scherzt sie inzwischen erleichtert, doch während der Monate des Bangens war ihr gar nicht zum Lachen. Ihr Antrag auf Berufsunfähigkeit und Wiedereingliederung ins Berufsleben wurde jedenfalls angenommen, und jetzt hofft sie darauf, nach ihrem Termin am 19. September eine Ausbildungsstelle antreten zu dürfen.

Die letzten 22 Jahre hat sie in der Gastronomie gearbeitet, aber ihrem Beruf als Köchin kann sie heute nicht mehr nachgehen, das lässt die Arthrose, an der sie erkrankt ist, nicht mehr zu. Zwölf Stunden langes Stehen in der Küche oder bei Veranstaltungen haben ihre Spuren hinterlassen. Sie ist das erste Mal in ihrem Leben arbeitslos, in ihrer bisherigen beruflichen Laufbahn war sie immer Vollzeit erwerbstätig, und schon im Lauf ihrer Schulzeit hat sie mit dem Kellnern begonnen. Zuletzt war sie Chefköchin und hatte die Leitung des Caterings in einem hippen Berliner „Start-up-Café" inne. Über die Jahre ist sie aber auch unzähligen anderen Tätigkeiten in der Gastronomie nachgegangen. Im Jahr 2001 begann sie dann ihre Kochlehre, danach arbeitete sie zumindest nicht mehr hinter der Bar oder als Kellnerin.

Folgenschweres „Malochen" in der Gastronomie

Doch auch jeder andere Job in der Gastronomie ist körperlich sehr belastend. Stehen, heben, tragen, in der Hitze hinter dem Herd, ewige Nachtdienste sowie wenig und unregelmäßiger Schlaf gehen an die Substanz. Das ist kein Geheimnis, Erhebungen zeigen, dass die Beschäftigten in den Tourismus-, Hotel- und Gaststättenberufen mit rund 81 Prozent im Vergleich zu den restlichen Berufsgruppen mit rund 55 Prozent wesentlich häufiger im Stehen arbeiten müssen. Weiters müssen die Beschäftigten mit rund 58 Prozent häufiger Arbeiten mit den Händen ausführen, die hohe Geschicklichkeit, schnelle Abfolgen oder größere Kräfte erfordern, als es mit einem Durchschnitt von rund 42 Prozent in allen anderen Branchen der Fall ist. Und schließlich arbeiten die Beschäftigten in den Tourismus-, Hotel- und Gaststättenberufen auch noch öfter bei Rauch, Gasen, Staub oder Dämpfen und mit Öl, Fett, Schmutz oder Dreck.[1] Sandra hatte jahrelang ständig Schmerzen nach der Arbeit, selbst am Tag nach der Arbeit hatte sie noch Probleme beim Gehen. Doch langsamer arbeiten oder sich schonen sind in der Gastronomie keine Option, auch das verdeutlichen Erhebungen, die zeigen, dass sich bei den psychischen Arbeitsanforderungen in puncto sehr schnelles Arbeiten der größte Unterschied zwischen den Beschäftigten in den Tourismus-, Hotel- und Gaststättenberufen mit rund 61 Prozent und den restlichen Berufsgruppen mit rund 39 Prozent ergibt.[2]

Müssen häufig im Stehen arbeiten:

81%
der Beschäftigten in Tourismus-,
Hotel- und Gaststättenberufen

55%
der Beschäftigten in
anderen Berufsgruppen

Müssen häufig Arbeiten mit den Händen ausführen, die hohe Geschicklichkeit, schnelle Abfolge oder größere Kräfte erfordern:

58%
der Beschäftigten in Tourismus-,
Hotel- und Gaststättenberufen

42%
der Beschäftigten in
anderen Berufsgruppen

Beschäftigte in Tourismus-, Hotel- und Gaststättenberufen **arbeiten öfter bei Rauch, Gasen, Staub oder Dämpfen und mit Öl, Fett, Schmutz oder Dreck.**

Harte Arbeit und die auch noch schnell und unter Dauerdruck: Das ist alles andere als gesund oder familienfreundlich. Sandra schob bereits zwölf Monate nach der Geburt ihrer Tochter trotz Schmerzen, die sie damals schon hatte, wieder Nachtschichten, bevor sie es schließlich nicht mehr aushielt und ihrer Gesundheit und ihrer Tochter zuliebe aufgab. Deswegen hofft Sandra nun so sehr auf die Möglichkeit einer zweiten Berufsausbildung oder Weiterbildung. Am liebsten würde sie ja überhaupt studieren und etwas ganz anderes machen, nämlich im sozialwissenschaftlichen Bereich arbeiten. Aber sie könnte sich weder ein Studium leisten, noch würde sie das Risiko eingehen wollen, sich in einer Branche zu spezialisieren, in der sie wohl kaum einen Job finden würde, von dem ihre Tochter und sie auch leben könnten. Daher verfolgt sie einen anderen Plan, der ihr zwar weniger attraktiv, jedoch vernünftig erscheint: Bis zu 24 Monate Ausbildung können ihr von der Rentenversicherung finanziert werden – das ist zu kurz für ein Studium, aber immerhin ausreichend für eine berufliche Weiterbildung in der Gastronomie. Dies sollte es ihr ermöglichen, nicht mehr operativ tätig zu sein und so keine körperlich belastenden Tätigkeiten mehr ausüben zu müssen. Zudem hofft sie auf Arbeitszeiten, die sich mit den Öffnungszeiten der Kita ihrer Tochter vereinbaren lassen, denn schließlich muss sie für ihre noch so kleine Tochter da sein. Sie denkt an Ernährungsberatung oder eine Stelle als Dozentin in der Erwachsenenbildung für den gastronomischen Bereich. „In beiden Fällen wird es allerdings trotzdem schwierig für mich werden, eine feste Anstellung zu bekommen. Das war bei mir in meiner Zeit als Köchin auch schon ein Problem, ich hatte ein Riesenglück, dass ich vor meiner Erkrankung eine feste Anstellung hatte, denn gerade während der Corona-Krise haben wir gesehen, wie gefährlich es ist, selbstständig zu arbeiten!", erklärt sie mir ihre weiteren Bedenken, die sie schon vor Beginn ihrer zukünftigen Ausbildung beschäftigen.

Dieser Tage ist sie wesentlich optimistischer als im März, als sie mir das erste Mal schrieb. Sie war schon vor Ausbruch der Pandemie arbeitslos und steckte damals noch mitten im Prozess, sich ihre Berufsunfähigkeit anerkennen zu lassen. „Natürlich verzögerte sich in jenen Monaten alles in der ohnehin überlasteten Verwaltung der Berliner Ämter. Mit Beginn der Corona-Krise verstärkte sich meine Zukunftsangst massiv, da ich als immunsupprimierte Patientin aufgrund meiner Morbus-Crohn-Erkrankung extrem vorsichtig sein musste. Ich hatte Angst, dass mein Anspruch auf Arbeitslosengeld auslaufen würde, und auch in Hinblick auf die Umschulung machte ich mir Sorgen. Der Alltag zu Hause, wochenlang ohne die Möglichkeit, auch nur einen Spielplatz zu besuchen, ohne Entlastung durch andere Betreuungspersonen: All das war für mich und meine Tochter sehr schwer. Ich war nun eine Full-Time-Hausfrau, die ich nie sein wollte, der Mangel an Perspektiven nahm mir die Luft zum Atmen", beschreibt sie mir ihren Gefühlszustand. Wegen ihrer Immunsuppression zählt sie zur Risikogruppe, ihre Tochter war deshalb schon ab dem 7. März bei ihr zu Hause und blieb dort auch bis Juni. Erst dann hat Sandra langsam wieder damit begonnen, sie immer wieder in die Kita zu bringen, weil es für ihre kleine Tochter ja auch kein Zustand war, immer nur mit ihrer Mutter alleine zu sein. Es war keine leichte Entscheidung für sie, das hat sie mir ausführlich erklärt: „Ich kann meiner Tochter schließlich nicht alleine gerecht werden. Sie braucht eine sichere Umgebung und die Möglichkeit, mit anderen Menschen und Kindern zu interagieren. Sie braucht vor allem andere Kinder zum Spielen und Herumtoben. Das wird hier in Deutschland aber noch nicht mal ansatzweise diskutiert. Keine Tanzstunden mehr, kaum organisierte Freizeitaktivitäten und für meine Tochter bisher auch kaum mehr Zeit in der Kita: Das ist für sie eine radikale Lebensveränderung – hin zum Schlechteren, da bin ich mir sicher. Aber ich scheue halt auch das Risiko, dass sie sich ansteckt. Da besuchen wir lieber zweimal pro Monat die Großeltern in ihrem Garten und mit Abstand. Wir hangeln uns von Woche zu Woche, ohne eine Idee, wie lange das noch so weitergehen kann."

Was ebenso zu einer Verbesserung ihrer Angst und ihres starken Zeitdrucks geführt hat, ist, dass in Deutschland wegen Corona der Anspruch auf das Arbeitslosengeld 1 einfach für alle Arbeitslosen automatisch um drei Monate verlängert wurde. Niemand musste dafür erst einen Antrag stellen und sich mit Formularen um Unterstützung bemühen, sondern es haben alle einfach einen Brief mit der frohen Botschaft erhalten. Zudem ist das Arbeitslosengeld 1 in Deutschland höher als das Arbeitslosengeld in Österreich und kann länger bezogen werden.[3] Weil Sandra Mutter ist, erhält sie sogar 67 Prozent ihres letzten Nettoeinkommens. Wenn ihr Anspruch abgelaufen ist, folgt das Arbeitslosengeld 2, das den meisten als „Hartz IV" bekannt ist und dagegen wesentlich schlechter ausfällt. Es liegt bei einer Alleinerzieherin wie Sandra bei lediglich 432 Euro pro Monat, für ihre Tochter würden nur weitere 250 Euro pro Monat dazukommen.[4] Kein Wunder also, dass sie mir noch Ende Juni schrieb: „Hartz IV schwebt wie eine dunkle Wolke über mir – die Angst, in die Armut abzurutschen und nie wieder Fuß fassen zu können, die Sorge, was das alles mit meiner Tochter macht. Dazu der Frust, all die schon wieder so sorglosen und unvorsichtigen Mitmenschen zu sehen, obwohl die Zahlen in Berlin wieder alarmierend steigen …". Da ist es schon eine enorme Erleichterung, die Perspektive auf den „Lebensunterhalt" von ihrer Rentenversicherung zu haben, den sie während ihrer Ausbildung beziehen können wird. Aber sorglos ist Sandra deswegen noch lange nicht. Denn da sind ja noch die vielen Probleme, die sie mit der Kita ihrer Tochter hat.

Kita oder Hartz IV

Die Odyssee mit der Kindertagesstätte ihrer Tochter begann schon, als diese noch ein Baby war. Kitaplätze sind in Berlin Mangelware, einen Platz zu ergattern bereitet nicht nur richtig viel Arbeit, sondern auch jede Menge Schwierigkeiten. Über 200 Bewerbungen an verschiedene Kitas musste Sandra verschicken, ehe sie eine fand, die ihre Tochter schon ab dem zweiten Lebensjahr aufnahm. Das ist kein blöder Zufall oder eine Ausnahme, sondern ein Standard-Problem für Eltern in Deutschland. Während Mütter nur 12 Monate lang das Elterngeld[5] beziehen können, ist es extrem schwer, einen Kitaplatz für ein Kind ab dem 12. Lebensmonat zu finden: „Damit ist die Familienpolitik in Deutschland an diesem Punkt höchst widersprüchlich, denn der Elterngeldzeitraum legt nahe, nach 12 Monaten wieder in den Job zurückzukehren. Die Kinderbetreuung kann aber zu diesem Zeitpunkt nur für eine Minderheit der Eltern realisiert werden", erklärt mir Sandra. Das bestätigt auch die sinkende Betreuungsquote der Kinder. Im März 2020 waren keine 42 Prozent der Kinder unter drei Jahren in Betreuung, bei den unter sechsjährigen Kindern waren es rund 94 Prozent. Im Jahr 2015 gingen noch über 95 Prozent der Kinder unter sechs Jahren in die Kita.[6] Sandra hatte also trotz ihrer Bemühungen auch noch richtig Glück, dass sie einen Platz ergattern konnte – allerdings hätte sie ihn fast wieder verloren. Als sie bereits arbeitslos war, musste die Kita nämlich beinahe schließen, weil der Vermieter der Kindertagesstätte die Miete verdoppeln wollte.

Da Gewerberäumlichkeiten keinem gesetzlichen Schutz unterliegen, hätte der Vermieter die Mieterhöhung in diesem Ausmaß tatsächlich durchziehen können – ein Albtraum für alle beteiligten Eltern und die Kinder. Wenn Sandra den Kitaplatz für ihre Tochter verloren hätte, hätte sie dadurch wohl auch ihren Anspruch auf Arbeitslosengeld verloren, denn schließlich muss, wer Arbeitslosengeld bezieht, auch nachweislich zur Vermittlung bereitstehen, und ohne Kitaplatz ist

Alleinerziehende Mutter mit einem Kind

Arbeitslosengeld 1
in Deutschland:

67%
des letzten
Nettoeinkommens

Arbeitslosengeld 2
(Hartz IV):

432 €
pro Monat

250 €
pro Monat für das Kind

das für Sandra, die seit letztem Jahr Alleinerzieherin ist, nicht möglich. Der Vater von Sandras kleiner Tochter und sie haben sich getrennt, als die Kleine zwei Jahre alt war. Sie war zu dieser Zeit noch Vollzeit berufstätig und nahm, wenn es gar nicht anders ging, ihre Tochter sogar immer wieder in die Arbeit mit und setzte sie für die Zeit, die sie kochte, im Kindercafé ins Bällebad. Außerdem half ihr damals noch drei- bis viermal pro Woche ihre Mutter, die schon in Rente ist, und passte auf die Kleine auf. Doch inzwischen leidet Sandras Vater aufgrund einer schweren Asbest-Erkrankung an Lungenkrebs, weshalb nun er von ihrer Mutter gepflegt werden muss. Ihre Mutter ist mit ihren 85 Jahren selbst nicht mehr die Jüngste und schafft das gemeinsam mit der Kinderbetreuung nicht mehr.

Einen neuen Kitaplatz zu finden hätte jedenfalls vermutlich wieder Monate gedauert – Zeit, die Sandra nicht hatte. Drohende Kitaschließungen sind keine seltene Problematik, letztes Jahr mussten in Berlin 35 Kitas wegen exorbitanter Mieterhöhungen schließen.[7] Um zu verhindern, dass auch ihre Kita dieses traurige Schicksal ereilt, beschloss sie, selbst aktiv zu werden und sich ehrenamtlich im Vorstand ihrer selbst verwalteten Eltern-Initiativ-Kindertagesstätte zu engagieren. Monatelang hat sie dafür gekämpft, zumindest eine geringere Mietzinserhöhung mit dem Immobilienunternehmen auszuverhandeln.

Berliner Mietwucher

Berlin ist inzwischen unbezahlbar geworden, denn dort sind die Mietpreise in den letzten Jahren besonders drastisch gestiegen – sogar so stark wie nirgendwo sonst auf der Welt. Berlin gilt als neues Eldorado für Immobilieninvestoren. Wohnungssuchende sind quer durch die Stadt mit der vollen Härte des Marktes konfrontiert, leistbare Wohnungen sind Mangelware. Das ist das Ergebnis der bislang umfassendsten Untersuchung von Neu- und Wiedervermietungspreisen in Berlin,[8] die Befunde sind mit dem Begriff „Mietenwahnsinn" treffend beschrieben. Die Immobilienpreise sind in den vergangenen Jahren durch Privatisierungen, Spekulation und eine Nachfrage, die das Angebot bei Weitem übersteigt, extrem in die Höhe geschossen. Gleichzeitig fehlen in Berlin rund 310.000 bezahlbare Wohnungen für Menschen auf Wohnungssuche. Der Spiegel hat dem Mietwucher in Berlin unter dem Titel „Mieterangst" eine tiefgehende Reportage gewidmet. In dieser wird von einer Mietpreissteigerung um fast 90 Prozent berichtet. Während eine Wohnung mit 60 bis 80 Quadratmetern im Jahr 2008 in Berlin noch günstige 5,14 Euro pro Quadratmeter kostete, waren es 2018 bereits 9,70. Zum Vergleich: In Hamburg ging es im selben Zeitraum um 35 Prozent nach oben, in Stuttgart um 48 und in München um 51,5 Prozent.[9] In Österreich wie in Deutschland gilt eine Wohnung üblicherweise als leistbar, wenn die Gesamtmiete 30 Prozent des Netto-Haushaltseinkommens nicht übersteigt. Laut Mietenwatch.de sind für einen durchschnittlichen Berliner Single-Haushalt mit einem Netto-Haushaltseinkommen von 1.375 Euro berlinweit nur rund 3 Prozent der Wohnungsangebote leistbar. Innerhalb des S-Bahn-Rings sind es sogar nur knapp 1 Prozent der Angebote. Für Haushalte mit fünf und mehr Personen mit Durchschnittseinkommen war unter den 780 infrage kommenden Immobilien-Angeboten von 90.000 innerhalb des S-Bahn-Rings zwischen April 2018 und Oktober 2019 kein einziges leistbares

Mietpreissteigerung in 10 Jahren in Berlin

↗ **90%**

2018
9,70 €

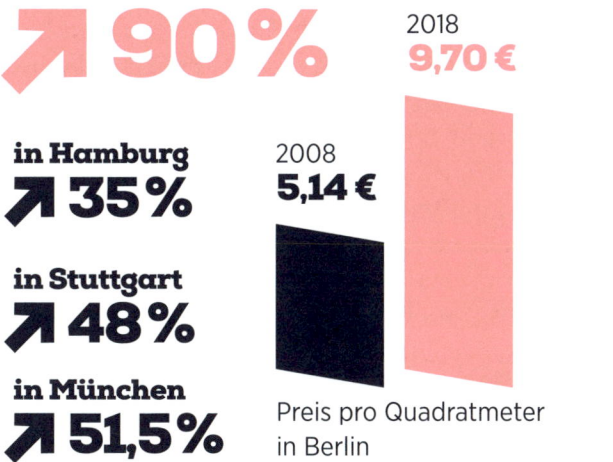

in Hamburg
↗ **35%**

2008
5,14 €

in Stuttgart
↗ **48%**

in München
↗ **51,5%**

Preis pro Quadratmeter
in Berlin

Angebot dabei. Ein vierköpfiger Haushalt mit Durchschnittseinkommen kann sich bei Umzug aktuell in Berlin nur noch 69 Quadratmeter Wohnfläche leisten.[10]

Kein Wunder also, dass bei diesen horrenden Mietpreisen rund 50 Prozent der Berliner MieterInnen Angst davor haben, aus ihren Wohnungen und Heimatbezirken verdrängt zu werden.[11] Nahezu unmöglich ist es für die etwa 260.000 Hartz-IV-BezieherInnen, in Berlin eine Wohnung zu finden, für die das Jobcenter die Kosten übernimmt. Die Macher von Mietenwatch.de haben auf Grundlage der von Berliner Jobcentern bezahlten Kosten der Unterkunft für jeden Stadtteil ermittelt, welche Wohnungsangebote für einen Hartz IV beziehenden Haushalt infrage kommen. Für einen vierköpfigen Haushalt, der Hartz IV bezieht, kämen nach ihren Berechnungen außerhalb des S-Bahn-Rings nur 9 Prozent und innerhalb nur 0,4 Prozent der Angebote infrage. Nur für diesen geringen Anteil der Wohnungsangebote würden die Wohnkosten von den

Jobcentern vollständig übernommen. Im Gegensatz zu vielen anderen Städten kontrollieren in Berlin wenige Wohnungsunternehmen einen bedeutenden Teil des Mietwohnungsmarkts und beeinflussen dadurch die Preisbildung. Die zehn größten Anbieter besitzen zusammen mindestens 27 Prozent des Mietwohnungsbestandes in Berlin und stellten knapp 28 Prozent der untersuchten Angebote in der Stadt.[12] Sandra hat es mit ihrer 60-Quadratmeter-Wohnung für ihre Tochter und sich also noch vergleichsweise richtig gut. Für ihre Kita sieht es aufgrund der Mietpreiserhöhung hingegen weniger gut aus.

Kindertagesstätten in der Krise

Durch den langen Verhandlungsprozess und die Unsicherheit über das weitere Bestehen von Sandras Kita kam es auch zu einer hohen Fluktuation. Einige der Beschäftigten wechselten in eine Kita, in der sie sich mehr Sicherheit erwarteten, und auch Eltern, die es schafften, einen anderen Platz für ihre Kinder zu ergattern, meldeten diese ab. Das erhöhte den finanziellen Druck auf die Kita noch weiter, weil die Finanzierung anhand der Zahl der zu betreuenden Kinder erfolgt und für jedes Kind weniger auch weniger Geld reinkommt. Schon im Frühjahr konnten wegen Corona einige der angemeldeten Kinder nicht mit ihren Eltern gemeinsam in die Kita eingewöhnt werden. Auch dadurch ist zusätzlich viel Geld weggebrochen. Alles, was die Kita in den Jahren zuvor angespart hatte und eigentlich für Renovierungsmaßnahmen und eine modernere Ausstattung gedacht war, ist nun komplett aufgebraucht. Man hofft daher wirklich sehr darauf, dass im September die geplanten Eingewöhnungen der neuen Kinder regulär durchgeführt werden können und man nicht länger defizitär arbeiten muss. Ab September wird zudem die Miete erhöht, man kann sich also keine weiteren krisenbedingten Ausfälle mehr leisten, sonst steht das Überleben der Kita wieder auf dem Spiel.

Die Liste an Missständen im deutschen frühkindlichen Erziehungssystem ist lang, Sandra ist hier bei Weitem nicht die Einzige, die das Gefühl hat, gegen Windmühlen zu kämpfen. Sie holt aus, um sich Luft zu machen: „Aufgrund meiner Arbeit im Vorstand unserer Eltern-Initiativ-Kita kenne ich die Umstände in deutschen Kitas sehr gut und weiß, dass es quasi unmöglich ist, die vom Senat vorgeschlagenen Hygiene-Richtlinien umzusetzen. Das ist gefährlich für die Kinder, die Erzieherinnen und für die Eltern und Großeltern. Es gibt einfach viel zu wenig Kitaplätze! Pro Woche kommen bei uns rund zehn Bewerbungen rein, die wir nicht einmal mehr dokumentieren oder beantworten können, weil der Aufwand nicht mehr zu bewältigen ist. Die Leute sind so verzweifelt, weil sie keine Plätze bekommen, dass sie sich die absurdesten Dinge überlegen. Manche falten uns Origami-Schwäne oder bieten uns Sushi-Lieferungen an, in der Hoffnung, dass sie dann eher einen Platz bei uns bekommen, was natürlich völlig abwegig ist. Aber die Eltern sind verzweifelt und haben Existenzängste, weil sie nicht wissen, wie sie ohne Kitaplatz wieder arbeiten gehen sollen. Deswegen versuchen sie in ihrer Not einfach alles Erdenkliche. Inzwischen haben sich sogar Anwälte darauf spezialisiert, den Rechtsanspruch auf einen Kitaplatz durchzusetzen. Eltern, die genug Geld haben, um sich das leisten zu können, schaffen es so leichter, einen Kitaplatz zu organisieren, weil die Verwaltung auf Anwaltsschreiben reagiert.“

Die Ergebnisse einer aktuellen bundesweiten Erhebung zum Thema bestätigen ihre Worte: Schon vor Corona, im Jahr 2019, gab es für 1,7 Millionen Kinder in Deutschland nicht nur nicht genügend Kitaplätze, sondern auch nicht genug ErzieherInnen für die Kinder in den Einrichtungen. In Krippengruppen kam durchschnittlich eine Fachkraft auf 4,2 Kinder. In Kindergartengruppen waren es 8,8 Kinder. Erschreckende 74 Prozent der Kitakinder waren somit 2019 nicht in kindgerechter Betreuung. In Ostdeutschland erweist sich die Situation noch als wesentlich dramatischer als in Westdeutschland. In den ostdeutschen Bundesländern galt das schlechte Betreuungsverhältnis durch Personalmangel für 93 Prozent der Kinder, in Westdeutschland für 69 Prozent. Auch in der Qualifikation des Kitapersonals haben sich drastische Unterschiede gezeigt. In den ostdeutschen Bundesländern ist der Anteil des als ErzieherInnen ausgebildeten Personals mit 82 Prozent um 16 Prozentpunkte höher als in den westdeutschen Bundesländern. In Westdeutschland arbeiten mehr KinderpflegerInnen und SozialassistentInnen. Bei der Qualifikation schneidet Ostdeutschland also besser ab als Westdeutschland. Insgesamt bleibe die individuelle Förderung aber in ganz Deutschland auf der Strecke, mehr als „Aufbewahren" sei oft nicht machbar, so das Urteil der StudienautorInnen.[13]

Für Sandra ist dieser Zustand kein Zufall, sondern eindeutig politischem Versagen geschuldet: „Der Fachkräftemangel in den Kitas bessert sich nicht, weil die Elementar-PädagogInnen so wahnsinnig schlecht bezahlt werden und sich ihre sündhaft teure Berufsausbildung auch noch selbst privat finanzieren müssen. Gleichzeitig ist der Erziehungsschlüssel ein Wahnsinn: Bis zu 20 Kinder müssen von nur einer Person alleine betreut werden, du kannst dir nicht vorstellen, mit was für Horrorgeschichten wir von anderen Kitas ständig konfrontiert werden!" Ihrer Meinung nach werden Eltern, Eltern-Initiativ-Kindertagesstätten und Frauen nicht nur, aber gerade auch jetzt während der Corona-Krise sich selbst überlassen. Auch sie als Mutter fühlt sich von ihrem ehemaligen Lebensgefährten im Stich gelassen. Zu circa 80 Prozent kümmert sie sich um ihre gemeinsame Tochter, er übernimmt die Betreuung nur zu rund 20 Prozent, und selbst dazu muss sie ihn anspornen. Die Bindung zu seiner Tochter könnte viel enger sein, das findet Sandra sehr traurig. Auch, dass er mit seiner Tochter nicht spielt oder auf den Spielplatz geht, wenn sie bei ihm ist, sondern er sie nur vor dem Fernseher parkt, findet sie schade. Seiner Unterhaltsverpflichtung

Krippengruppen:
4,2
KINDER
pro Fachkraft

**Kindergarten-
gruppen:**
8,8
KINDER
pro Fachkraft

2019 gab es in Deutschland
nicht genügend Kitaplätze
und genug ErzieherInnen

**für 1,7 Mio.
KINDER.**

74%
der Kitakinder waren
2019 **nicht** in
kindgerechter Betreuung.

kommt er nur unregelmäßig nach, obwohl er eigentlich mehr als genug Geld zur Verfügung hätte. Er hat hohe Ersparnisse und sogar eigene Immobilien und wohnt auch selbst in einer viele größeren Wohnung als seine Tochter und Sandra. Doch er ist laut Sandra ein geiziger Mensch, der das Geld auch für sich selbst nicht ausgibt, sondern es lieber bunkert. Noch will sie den Unterhalt aber nicht gerichtlich einfordern, denkt aber zunehmend intensiv darüber nach. Leider war ihre Trennung letztes Jahr sehr unschön, und die Wunden sind noch frisch und kaum verheilt. Deswegen versucht sie, einigermaßen friedlich mit ihm umzugehen und zumindest einmal im Monat mit ihm und ihrer Tochter gemeinsam zu essen. Sie weiß allerdings nicht, wie lange sie dieses Schauspiel für ihre Tochter noch aushalten kann. Derzeit ist sie aus emotionalen Gründen jedenfalls noch nicht in der Lage, ein Rechtsverfahren einzuleiten.

Aber nicht ihre persönliche Lage ist es, was sie im Fokus unseres Gesprächs sehen möchte, viel wichtiger ist es ihr, mir abschließend mahnende Worte zur allgemeinen Lage der Frauen mitzugeben. „Frauen werden durch diesen extremen Mangel beim Kinderbetreuungsangebot wieder in die traditionelle Rolle zurückgedrängt. Teilweise sind die Kitas zudem so teuer, dass fast das gesamte Einkommen der Mütter nur für den Kitaplatz draufgeht und sie so lieber zu Hause bleiben. Mit anzusehen, wie unsere Gesellschaft die Bedürfnisse und Nöte von Familien, besonders von Frauen, einfach nicht wahrnehmen will, ist frustrierend und ernüchternd", sagt sie abschließend. Es reicht ihr, sie ist es leid, dass Frauen am Ende immer die Rechnung zahlen müssen. Das tun sie nämlich, sowohl durch ihre unbezahlte Familienarbeit als auch durch ihr hohes soziales Engagement. Gäbe es Sandra nicht, dann gäbe es auch die Kita nicht mehr, in der neben Sandras Tochter auch noch rund hundert andere Kinder ein zweites Zuhause gefunden haben, während ihre Eltern arbeiten gehen.

Wissenswertes

70 Prozent der Beschäftigten im Gaststättengewerbe fühlen sich häufig oder oft gehetzt oder unter Zeitdruck. Ferner geben mit rund 67 Prozent mehr Beschäftigte in Tourismus-, Hotel und Gaststättenberufen an, dass es häufig vorkommt, dass sich ein- und derselbe Arbeitsgang bis in alle Einzelheiten wiederholt, als es mit rund 49 Prozent in allen anderen Branchen der Fall ist. Zudem ist es bei den Beschäftigten in den Tourismus-, Hotel- und Gaststättenberufen mit rund 70 Prozent vergleichsweise in stärkerem Maße notwendig, verschiedene Arbeiten gleichzeitig zu verrichten, als in anderen Berufen mit rund 58 Prozent. Bei den Beschäftigten in dieser Branche zeigt sich mit rund 58 Prozent im Vergleich zu den restlichen Berufsgruppen mit rund 50 Prozent auch ein höherer Anteil an gleichbleibender Belastung durch Stress und Arbeitsdruck in den letzten zwei Jahren. Der Bericht *Psychosoziale Risiken bei der Arbeit* benennt als Risikofaktoren für eine psychische Fehlbelastung im Gastgewerbe personelle Engpässe sowie

Stoßzeiten. Bedingungen, die Arbeitsbelastungen und Arbeits-aufkommen erhöhen, sind ungünstige Arbeitszeiten, eine hohe Erwartungshaltung der Gäste, physische Belastungen und viele gleichzeitig zu erledigende Tätigkeiten.[14]

Hinsichtlich der Arbeitszeit zeigt der *DGB-Index Gute Arbeit*, dass von 37 Prozent der Beschäftigten im Gaststätten-gewerbe sehr häufig oder oft erwartet wird, außerhalb der Arbeits-zeit erreichbar zu sein. Ein Viertel der Vollzeitbeschäftigten in diesem Wirtschaftszweig macht zehn oder mehr Überstunden pro Woche; bei der Gesundheitsförderung liegt das Gaststätten-gewerbe im Berufsgruppenvergleich auf dem letzten Platz.[15]

Etwa 85 Prozent aller BerlinerInnen wohnen zur Miete – der Mangel an leistbarem Wohnraum und die scheinbar un-aufhaltsam steigenden Mietpreise sind hier längst zu einem gesamtgesellschaftlichen Problem geworden.[16]

1/4 der Vollzeitbeschäftigten im **Gaststättengewerbe** macht **10 ODER MEHR ÜBERSTUNDEN pro Woche.**

70% der Beschäftigten im **Gaststättengewerbe FÜHLEN SICH HÄUFIG GEHETZT.**

DIE LEISTUNG, DIE WIR MEINEN

Die Geschichten dieser beeindruckenden fünf Frauen, die im Zentrum dieses Buches stehen, stehen stellvertretend für die Leben von Millionen Frauen in Österreich, der Schweiz und Deutschland. Diese fünf so ungleichen Frauen – Denise, Verena, Susanne, Laura und Sandra – zeigen, wie wir Frauen durch unsere Arbeit im Kleinen wie im Großen täglich dafür sorgen, dass unsere Gesellschaft funktioniert. Ob in den Familien, in den systemrelevanten Berufen oder in der sozialen Infrastruktur: Wir Frauen sind diejenigen, die alles am Laufen halten. Wir müssen uns lediglich vorstellen, was mit den Kindern von Denise und ihrem Mann passiert wäre, wenn sie nicht vier Jobs gleichzeitig gehabt hätte, um damit ihre Familie aus der Armut zu ziehen. Hätte sie nicht die Verantwortung für alles übernommen, dann wäre diese Familie auf der Straße gelandet. Würde sie ihre Kinder nicht im Homeschooling unterrichten und hätte sie ihre jüngste Tochter sowie die Oma nicht selbstlos und liebevoll über Jahre hinweg versorgt – niemand würde es tun. Wir können uns auch gut denken, was wäre, wenn es nicht Frauen wie Verena gäbe, die ihr ganzes Leben der Pflege von alten und kranken Menschen widmen – die neben der beruflichen Pflege auch noch privat in der eigenen Familie Menschen mit Pflege und Fürsorge beschenken. Traurig ist ebenso der Gedanke, was aus Susannes Kindern geworden wäre, wenn sie sich genauso fahrlässig aus der Verantwortung gezogen hätte, wie deren Väter. Uns ist wohl auch allen bewusst, dass es leider nicht wenige Männer gibt, denen ihr eigenes Ego wichtiger ist als das Schicksal ihre Kinder. Nicht selten verlassen sie sich auf die Mütter, schließlich wissen wir alle, dass diese ihre Kinder für gewöhnlich über alles andere stellen. Was nun mit Susannes Eltern passieren würde, wenn sie jetzt nicht für sie da wäre, können wir uns auch ausmalen. Erst hat sie ihr Leben dem Glück ihrer Kinder untergeordnet, heute dem ihrer Eltern. Und Laura ist einfach unheimlich bewundernswert. Dass sie schon als Teenager ihre Familie unterstützt hat und damit als so junge Frau schon mehr Reife, Verantwortungsbewusstsein und Resilienz gezeigt hat, als es andere in ihrem ganzen Leben tun, spricht für sich selbst. Für sie ist das ganz selbstverständlich, aber in Wirklichkeit ist sie dadurch schon in ihrer Jugend zur Heldin geworden. Es sind junge Frauen wie sie, die auch später noch ihr gesamtes Leben für andere Menschen da sein und helfen werden. Es sind Frauen wie sie, die unsere Gesellschaft auch in Zukunft durch alle Krisen tragen werden. Nicht zuletzt bewahrt Sandra, die wie eine Löwin für die Kita ihrer Tochter und vieler weiterer Kinder kämpft, mit ihrem ehrenamtlichen Engagement auch hundert andere Familien vor einer ernsthaften Krise.

Alle diese Frauen sind Heldinnen, sie sind die wahren Leistungsträgerinnen unserer Gesellschaft. Und mit ihnen gibt es unzählige Frauen in unseren Familien, in der Nachbarschaft, am Arbeitsplatz, im Supermarkt oder auf der Straße neben uns, für die exakt das Gleiche gilt. Wir könnten uns Hunderte weitere anhören und würden immer wieder an den gleichen Punkt gelangen, nämlich dass das, was sie erleben, eben nicht das individuelle „Schicksal" von Einzelnen, sondern das kollektive Los der vielen ist. Es sind nicht ihre Erfahrungen in der Kindheit, ihre Herausforderungen in der Partnerschaft, ihre Krankheiten oder ihre Unfälle, die dazu führen, dass sie sich in diesen Situationen befinden, sondern die strukturelle Ungleichbehandlung von Frauen und die Art und Weise, wie ihre Leistungen als selbstverständlich betrachtet und bewertet werden. Nur allzu oft lassen wir uns dazu verleiten, uns auf ein

Symptom der Ungleichheit zu fokussieren, etwa auf die hohe Teilzeitquote der Frauen, und dieses Symptom dann fälschlicherweise für die Ursache einer Benachteiligung zu halten. Aber die Wahrheit ist, dass Männer natürlich im gleichen Ausmaß von individuellen „Schicksalen" betroffen sind, dass sie ebenso von Krankheiten oder Unfällen heimgesucht werden, ein Scheitern der Partnerschaft zu bewältigen haben oder ihren ursprünglich erlernten Berufen nicht mehr nachgehen können – und trotzdem müssen sie nicht in einem derart hohen Ausmaß als prekär Beschäftigte von der Hand in den Mund leben oder gleiten als Alleinerziehende in die Armut ab und werden mit gesellschaftlicher Entwürdigung bestraft. Ebenso wenig muss das Gros der Männer als Altersarme um Almosen betteln. Es hat also definitiv etwas mit unserem Geschlecht zu tun, wie hart wir unter Krisen leiden – oder präziser: mit der strukturell schlechteren Behandlung und aktiven Benachteiligung von uns Frauen.

Ich möchte am Ende dieses Buchs – nachdem wir uns mit den faktischen Hintergründen der Diskriminierung von Frauen und ihren Ausprägungen anhand von fünf so konkreten wie realen Lebensgeschichten beschäftigt haben – eine Ableitung vornehmen. Was machen wir nun mit dem, was wir gehört bzw. gelesen haben? Und was mit den vielen ähnlichen Erfahrungen und Geschichten, die wir ja selbst nur zu gut kennen? Was machen wir mit der Wut, der Frustration und der Verzweiflung?

Die Rahmenbedingungen wurden von Männern für Männer gemacht

Ich denke, wir müssen uns zunächst darauf besinnen, dass wir nicht alleine sind, ganz im Gegenteil – denn das gibt Kraft, und das macht Mut. Wir sind sogar die Mehrheit, auch wenn sich das in den vielen Situationen unseres Lebens nicht so anfühlt. Wir dürfen uns niemals einreden lassen, dass es sich um unser individuelles Schicksal oder Versagen dreht, wenn wir uns aufgrund der inakzeptablen Rahmenbedingungen in scheinbar ausweglosen Situationen wiederfinden. Die Wahrheit ist: Die Rahmenbedingungen wurden nicht für uns gemacht. Unser gesamtes System wurde von Männern für die Bedürfnisse von Männern gestaltet, von Männern, die es gewohnt waren, zu Hause wie in einem Hotel mit Zimmerservice zu leben – mit Partnerinnen und Kindern, denen sie vielleicht zwei Stunden pro Tag nebenbei beim Familienessen ihre Aufmerksamkeit schenkten und sonst nicht viel mit ihnen zu tun hatten. Die Rahmenbedingungen wurden von Männern gemacht, die sich nicht spätabends noch selbst um die Reinigung ihrer Kleidung für den nächsten Arbeitstag kümmern und morgens alle mit Frühstück versorgen mussten und die in ihrem gesamten Leben selbst womöglich noch nie eine Toilette oder das Badezimmer putzen mussten und daher nicht einmal wissen, wie viel Zeit und Anstrengung diese Arbeiten kosten – warum denn auch, wenn dafür erst die Mutter, dann die Partnerin oder vielleicht „die Putzfrau" zuständig war.

Vergessen wir das niemals: Dieses Konzept der angeblichen „Vereinbarkeit von Beruf und Familie" haben sich mehrheitlich Männer überlegt, die wenig Vorstellung davon haben, was es tatsächlich bedeutet, eine Familie zu versorgen oder einen Haushalt zu führen. Politikerinnen durften dabei immer nur am Rande ein bisschen mitspielen, Staffage sein und versprechen, dass sie weiterkämpfen werden. Und wenn wir ehrlich sind, dann ist das bis heute so. Deswegen dürfen wir auch keinesfalls auf den so alten wie gängigen Trick hereinfallen, uns gegeneinander ausspielen zu lassen. Die elende Masche von wegen „Frauen können heute ALLES haben", denn das gilt natürlich nur, wenn sie sich dafür auch richtig anstrengen: Karriere, Beziehung, Kinder und dabei auch immer perfekt angemalt, geföhnt und angezogen sein – und frühmorgens als Start in den Tag auch noch joggen gehen … Was für ein Unsinn! Dieses vermeintliche Vorbild, das uns ständig vorgehalten wird, diese Frau, die gibt es doch in Wahrheit gar nicht, einfach weil es gar nicht möglich ist – weil wir Frauen es zwar gewohnt sind, uns zweizuteilen, aber vierteilen können wir uns nun mal nicht. Und wir sollten das auch gar nicht müssen! Weil auch wir uns ein Stück Lebensqualität verdient haben und uns diese Lebensqualität vorenthalten wird, wenn wir ständig am Rande unserer Belastungsgrenze agieren müssen. Ich möchte daher auch gleich näher auf unsere Gemeinsamkeiten eingehen, auf das, was uns verbindet, unabhängig von unserer scheinbar individuellen Lage, denn das ist für mich die Grundlage des solidarischen Handelns. Das ist unser Fundament.

Doch vorher möchte ich noch einen wesentlichen Faktor in den Raum stellen: Wir befinden uns, wenn wir den öffentlichen Diskurs zur Frage der Verteilung von Arbeit, Zeit und Geld betrachten, auf fremdem Terrain. Die Deutungshoheit über die Wertigkeit unserer Leistung besitzen nicht wir, die sie tatsächlich erbringen. Das gilt für die Leistung der ArbeiterInnenklasse im Allgemeinen (unabhängig vom Geschlecht) und noch viel mehr für die Leistungen der nicht nur lohnarbeitenden Frauen. Die Deutungshoheit im gesellschaftlichen Diskurs hatten also bisher noch nie wir, sondern jene, die von den von uns erbrachten Leistungen am meisten profitieren. Und das ist eigentlich nicht nur absurd, sondern absolut nicht hinnehmbar. Und ausschließlich deswegen kommt es auch dazu, dass die Betreuung und Erziehung unserer Kinder, die Pflege unserer Alten, die Aufrechterhaltung unserer häuslichen

Gemeinschaften nicht gesehen, nicht anerkannt, nicht entlohnt und nicht sozialrechtlich abgesichert werden. Dabei könnte unsere ganze Gesellschaft nicht funktionieren, wenn wir diese Leistungen nicht tagtäglich erbringen würden. Sie würde sprichwörtlich kollabieren. Schluss, aus – von heute auf morgen würde die ganze Welt zusammenbrechen, wenn wir nicht mehr springen würden. Die Verwaltung und Vermehrung von oftmals fiktiven Vermögenswerten, von Zahlenkolonnen auf Bildschirmen, ist hingegen eine gesellschaftlich höchst anerkannte Arbeit und wird dementsprechend fürstlich entlohnt. In Krisen wird sie sogar als „systemrelevant" bewertet, und so steckt dahinter immer, ja wirklich immer ein mit Unmengen an Steuergeld abgesichertes Notfallpaket zur Rettung, falls das Management danach verlangt. Erinnern wir uns doch nur an die Bankenkrise: Was wurde da an Geld verpulvert, um ein zutiefst kaputtes, lebensfeindliches System zu erhalten! Stellen wir uns vor, nur ein Bruchteil dieser Summe wäre während des Shutdowns in die pädagogische Anleitung und Betreuung von Kindern zu Hause oder in unsere staatliche Infrastruktur zur Pflege unserer Alten investiert worden.

Das ist die Diskussion, die wir jetzt endlich führen müssen. Es geht also nicht primär darum, dass wir um Aufmerksamkeit für unsere Leistungen betteln, dass wir um eine „Besserstellung" bitten. Nein, es geht um nichts weniger als die grundsätzliche Einschätzung der Wertigkeit von Arbeit und von Leistungen, die von uns für das Gemeinwohl erbracht werden. Und das schließt auch eine Kapitalismuskritik zwingend mit ein. Ich erwähne das an dieser Stelle so explizit, weil ich vermeiden möchte, dass wir weiter stur und blind einem Dogma folgen, dem Narrativ derer, die schon immer über die Zeit verfügten, um Deutungshoheit aufzubauen, die das Geld besitzen, um den Diskurs in ihrem Sinne zu beeinflussen, und die vor allem auch über die Strukturmacht verfügen, um für uns alle verbindlich zu definieren, was als Arbeit im Sinne einer Leistung gilt und wie diese zu bewerten ist. Gerade heute, in einer Zeit, in der die Rückkehr in eine Vergangenheit propagiert wird, die für Frauen der pure Schrecken war, ist es wichtig, dass wir uns nicht mit Scheindebatten abspeisen lassen. Die Grenze zwischen dem, was als Lohnarbeit bewertet, und dem, was als Arbeit nicht bezahlt wird, ist nämlich eine einigermaßen willkürlich gezogene. Und keinesfalls ist es eine Grenze, die nicht beweglich ist und die nicht laufend neu verhandelt werden könnte. Nein, wir wollen nicht ein schöneres, größeres Stück vom Kuchen, wir wollen die Bäckerei – weil sie uns zusteht, weil wir schließlich die Arbeit machen und am Ofen stehen. Und wir dürfen nicht länger gewillt sein, darauf zu warten, dass man uns das zugesteht, was wir verdienen, sonst fahren wir weiter mit Höchstgeschwindigkeit zurück in die Vergangenheit.

In Vielfalt vereint? Solidarität beleben!

Wenn wir uns die Erzählungen der wunderbaren Frauen vor Augen halten, die sich mir dankenswerterweise für dieses Buch geöffnet haben, dann fallen gewisse Gemeinsamkeiten ins Auge. Es ist wichtig, dass wir diese noch einmal gesondert herausarbeiten, denn die Unterschiede in Alter, Herkunft und Ausbildung liegen ohnehin auf der Hand und verführen leider dazu, dass wir uns an ihnen entlang voneinander abgrenzen. Doch genau diese Abgrenzung, die ich sehr gut nachempfinden kann, weil sie einem uns innewohnenden menschlichen Grundbedürfnis entspricht, führt auch dazu, dass wir die Solidarität untereinander nicht so leben können, dass sie ihre Wirkung entfaltet und uns stark macht. Wir bezahlt, unbezahlt oder unterbezahlt arbeitenden Frauen sind nämlich nicht nur Teil einer gemeinsamen Klasse, die darauf angewiesen ist, ihre Arbeitskraft zur Verfügung zu stellen, weil sie über kein

Vermögen verfügt. Wir sind unabhängig davon, welche Hautfarbe wir haben, welcher Nation wir angehören, wie alt wir sind oder welche Sprache wir sprechen, auch immer noch „das andere Geschlecht" – also das Geschlecht, das nicht die Macht hat, die Welt nach ihren Bedürfnissen zu gestalten, sondern sich in eine Welt einfügen muss, die nach den Bedürfnissen der nicht sorgearbeitenden Männer organisiert ist.

Das zeigt sich an zahlreichen Beispielen, die unseren Alltag viel stärker beeinflussen, als es uns bewusst ist: So werden Sicherheitsgurte und Airbags nur an Puppen mit einer durchschnittlichen männlichen Statur getestet, weswegen sie für Frauen nicht nur weniger sicher, sondern mitunter sogar gefährlich sind.[1] Auch Tests zur Wirkung von Medikamenten, bei denen in der ersten Phase unter anderem die passende Dosierung ermittelt wird, finden nach wie vor überwiegend an Männern statt. Obwohl es zwischen Männern und Frauen erhebliche Unterschiede in der Wirkung eines Medikaments geben kann, ist das Geschlechterverhältnis bei den ProbandInnen bis zur Freigabe von Medikamenten häufig noch immer nicht ausgeglichen.[2] Und so, wie bei der Sicherheit von Autos und Medikamenten viel mehr an durchschnittliche Männer als an Frauen gedacht wird, so wird auch unsere Arbeitswelt vorwiegend für Menschen organisiert, die ihren Alltag vorwiegend nach ihrer Lohnarbeit ausrichten können, also für Männer, die die Verantwortung für ihre Familien immer noch allzu oft an ihre teilzeitbeschäftigten Partnerinnen delegieren können. Schließlich sind es auch bis heute wir Frauen, die von klein auf dazu erzogen werden, dem Gemeinwohl zu dienen und gleichzeitig zu akzeptieren, dass diese Leistungen nicht gewürdigt werden. Männer geben sich für diese un- bzw. unterbezahlten Arbeiten hingegen nur ungern her. Natürlich gibt es graduelle Unterschiede zwischen uns, und manche von uns leben wesentlich privilegierter als andere, aber im Grunde eint uns Frauen die Position derer, die Krisen bewältigen müssen – egal ob hinter der Supermarktkassa, im Altenheim oder zu

Hause. Wenn die 24-Stunden-Pflegerinnen, die „Putzfrauen" und die „Kindermädchen", die in den gut situierten Familien die ansonsten unbezahlten Arbeiten der Frauen verrichten, wegfallen, dann sind es natürlich wieder die Frauen, die diese Tätigkeiten übernehmen müssen. Da unterscheidet sich die Lage der Frauen in der privilegierten Klasse nicht von jener der ArbeiterInnenklasse. Und wenn wir noch etwas gebraucht haben, das uns diese ultimative Wahrheit verdeutlicht, dann ist es die Corona-Krise. Die Emanzipation im Privaten ist tatsächlich bei Weitem nicht so weit fortgeschritten, wie wir uns das vor der Corona-Krise vielleicht gedacht haben – es war uns nur weniger bewusst, weil ein großer Teil der Familien- und Sorgearbeit auf Frauen aus ärmeren Ländern und Klassen abgewälzt wurde. Erst als die Putzfrauen, die Pflegerinnen, die Kindermädchen nicht mehr kamen, wurde uns schmerzlich klar, dass die mangelnde Beteiligung der Männer an der Familien- und Sorgearbeit immer noch traurige Tatsache ist. Es ist daher an uns, jetzt das Heft in die Hand zu nehmen und diesen Moment der Sichtbarkeit zu nutzen. Entlang der für die ganze Welt noch so sichtbaren und spürbaren Auswirkungen einer Pandemie und ihrer gesellschaftlichen wie wirtschaftlichen Folgen müssen wir jetzt eine Umverteilung einfordern – und zwar nicht als Geste der Anerkennung, sondern als Recht, das uns zusteht.

Es gibt dieses schöne Sprachbild, das von der Europäischen Union auch als Leitmotiv verwendet wird, das da lautet: „In Vielfalt vereint." Damit soll zum Ausdruck gebracht werden, dass bei aller Unterschiedlichkeit am Ende doch das Gemeinsame im Vordergrund stehen sollte, weil wir nur gemeinsam stark und wirksam sein können. Die EU ist vielleicht gerade nicht die beste Institution, um zu zeigen, wie wahr und wichtig dieser Spruch ist. Aber in gewisser Weise ermöglicht sie uns auch die Abstraktion aus der Befindlichkeit, um auf der strukturellen Ebene die Probleme mangelnder Solidarität zu reflektieren. Wir Frauen sind keine Nationalstaaten, aber auch wir lassen uns viel zu oft spalten. Schließlich leben ganze Industrien ausschließlich davon, dass wir uns in ein Konkurrenzprinzip drängen lassen, damit andere auf unserem Rücken hohe Profite generieren können. Wenn wir uns an die fünf großartigen Frauen aus diesem Buch erinnern, dann sehen wir, dass sie alle eine gewisse Vorstellung vom Leben hatten und davon, was sie gerne machen wollten. Doch sie alle mussten zurückstecken, weil sie dem Dienst an der Gemeinschaft gegenüber ihrem unmittelbaren Fortkommen oder ihrer persönlichen Bereicherung den Vorrang gegeben haben. Niemand musste sie dazu zwingen, es geschah fast wie von selbst. Sind sie deswegen selbst schuld? Nein, auf keinen Fall, denn sie hatten gar keine andere Wahl. Ist es tatsächlich eine Option, die kranke alte Mutter einfach leiden und sterben zu lassen? Soll man die Angehörigen im Stich lassen, sich von ihnen abwenden, damit man sich nicht mit ihren Sorgen und Nöten „belasten" muss? Die erste grundlegende Leistung, die hier von allen Frauen gleichermaßen erbracht wurde, war es, Mitgefühl aufzubringen und danach zu handeln – eine Leistung, die von der Gesellschaft jedoch nicht nur nicht belohnt, sondern sogar noch bestraft wird. Hätten sich diese Frauen dafür entschieden, sich vom Elend abzuwenden und sich einzig und allein auf ihr eigenes Fortkommen zu fokussieren, dann wären sie sicherlich „erfolgreicher" gewesen. Aber genau das ist die eigentliche Problematik, mit der wir zu kämpfen haben. Denn Leistung sollte nicht in der Abwendung, sondern vielmehr in der Übernahme von Verantwortung bestehen.

Dringend notwendige Umverteilung von Arbeit, Zeit und Geld

Mein Antrieb, dieses Buch zu schreiben, bestand darin, darauf aufmerksam zu machen, dass das, was ist, keiner natürlichen Gegebenheit folgt – und dass es schon gar nicht so sein muss, dass die Leistung von uns Frauen so schändlich entwertet wird. Zudem wollte ich davor warnen und aufzeigen, dass es für uns noch schlimmer kommen wird und wir uns als Gesellschaft massiv zurückentwickeln werden, wenn wir nicht jetzt dagegenhalten. Wir müssen aufstehen und uns bewegen – und zwar gleich. Denn die Dynamiken auf dem Arbeitsmarkt, im Privaten, in der Wirtschaft wie in der Politik zeigen uns eindrücklich, wie Unsicherheit zunehmend zur Norm wird und wie prekäre Arbeits- und Lebensverhältnisse langsam typisch für unsere Gesellschaft in diesem Jahrtausend werden. Was wir jetzt wirklich brauchen und woran gar kein Weg mehr vorbeiführen darf – und das sollten uns die Daten und Fakten, aber auch die persönlichen Erzählungen der fünf Frauen zeigen –, ist eine radikale Umverteilung von Arbeit, Zeit und Geld, weil eine ungleiche Verteilung der bezahlten Arbeit automatisch weitere Missstände wie eine ungleiche Verteilung der Einkommen sowie allgemeine gesellschaftliche Ungleichheiten zur Folge hat. Wir werden unsere Situation nicht verbessern können, wenn wir uns mit einzelnen Zugeständnissen begnügen. Das wäre letztlich, wie in der Vergangenheit, eher der weiteren Manifestation der ungleichen Rollenverteilung zuträglich, als dass es uns tatsächlich ermächtigen würde. Es geht um nicht weniger als unsere Selbstbestimmtheit und Würde. Es geht für uns darum, die freie Wahl zu haben, welches Leben wir führen möchten. Schließlich wird uns diese Wahl derzeit oftmals nur vorgegaukelt. Es geht für uns darum, selbst entscheiden zu können, wann wir welche Aufgabe für das Gemeinwohl übernehmen möchten, statt dazu gezwungen zu sein und weiterhin ständig Brände löschen zu müssen, nur weil andere gerne zündeln und sich die undankbare Löscharbeit einfach nicht zumuten wollen. Das ist unsere bittere Realität.

Wir müssen die bezahlte und unbezahlte Arbeit neu bewerten und neu verteilen. Das beginnt im Zuhause, bei der Erziehung der Kinder, bei der Führung des Haushalts oder der Pflege und Unterstützung unserer Angehörigen. Es gibt keinen körperlichen oder psychischen Grund, keine „Natürlichkeit", die dazu führt, dass Frauen das irgendwie besser könnten als Männer. Es ist vielmehr eine Übervorteilung, die sich über Jahrhunderte hinweg eingebürgert hat und die wir schleunigst ändern müssen. Und wie bereits im Kapitel über die Hintergründe beschrieben, ist es nicht nur die unbezahlte Arbeit, die zwischen uns so extrem ungleich verteilt ist, denn exakt das Gleiche gilt ja auch für die bezahlte Arbeit. Zwar ist das alte Modell des Familienvaters als Alleinverdiener und der Mutter als Hausfrau inzwischen nahezu verschwunden, wir sind aber immer noch weit von einer gerechten Erwerbsbeteiligung der Frauen entfernt. Frauen haben immer noch nicht genügend Zeit, um Vollzeit zu arbeiten, weil Männer ihnen diese nicht zugestehen wollen. Schon vor Corona konnten Männer knapp zwei Drittel ihrer Arbeitszeit in bezahlte Arbeit und damit in ihre Karriere investieren, Frauen konnten hingegen lediglich etwas mehr als ein Drittel ihrer Arbeitszeit in ihre bezahlten Jobs investieren. Und in den vergangenen, von Corona dominierten Monaten hat sich die Lage weiter zugespitzt. Die in diesem Zeitraum unabhängig voneinander und länderübergreifend erhobenen Daten liefern alle die gleichen fatalen Ergebnisse: Frauen werden zunehmend aus dem Arbeitsmarkt gedrängt und zurück an den Herd geschickt, Mütter ziehen sich nun nach jahrzehntelanger Teilzeiterwerbstätigkeit wieder völlig aus dem Erwerbsleben zurück – nicht weil sie es so wollen oder sie das glücklich machen würde, sondern weil sie es müssen. Jutta Allmendinger, Soziologin und Präsidentin des Wissenschaftszentrums Berlin für Sozialforschung, kommentiert die einhelligen Ergebnisse mit folgenden Worten: „Wir erleben eine entsetzliche Retraditionalisierung. Die Aufgabenverteilung zwischen Männern und Frauen ist wie in alten Zeiten, eine Rolle zurück. Sie ist entsetzlich, da Frauen heute ganz andere Vorstellungen von einem guten Leben haben als früher. Sie möchten das umsetzen, was sie gelernt haben; sie wissen, dass finanzielle Unabhängigkeit von den Partnern und Partnerinnen auch ein großes Stück Freiheit bedeutet – eine Existenzgrundlage allemal. Sie möchten ein Stück eigenes Leben, eigene Lebenszusammenhänge, eigene Erfahrungen. Zeit für sich. Und so zeigen ihre Antworten in unseren Umfragen auch wenig überraschend, dass sie nicht mit wehenden Fahnen und gleichermaßen froh, die Last der Erwerbsarbeit abgeschüttelt zu haben, wieder in ihre Wohnungen zurückgekehrt sind. Im Gegenteil: Ihre Zufriedenheit knickt massiv ein, die Zufriedenheit mit ihrer Erwerbsarbeit, mit ihrer Familiensituation, mit ihrem Leben. Retraditionalisierung ist daher ein fast noch verharmlosendes Wort. Es ist zu schmusig, zu nett. Es geht um den Verlust der Würde von Frauen, von Respekt, von Rechten.“[3]

Was also schon vor Corona nur schlecht funktioniert hat, weil es in den letzten Jahrzehnten zu einem Trend gekommen ist, Haushaltätigkeiten durch Dritte zu substituieren, scheitert nun komplett. Die Verteilung der Lasten ist dermaßen ungleich und so schlecht, dass unser gesamtes System von Arbeit, unbezahlter Arbeit, sozialer Absicherung und Altersvorsorge nur noch auf Kosten von uns Frauen aufrechterhalten werden kann, wenn es nicht endlich modernisiert und den tatsächlichen Bedürfnissen angepasst wird. Wir leben zwar im Zeitalter der Digitalisierung, der Beschleunigung und des technischen Fortschritts, aber weiterhin mit einer Verteilung von bezahlter und unbezahlter Arbeit wie vor 50 Jahren. Wir arbeiten zwar wesentlich mehr in unvergleichlich kürzerer Zeit und haben unsere Produktivität vielfach gesteigert, aber unsere gesetzlichen Arbeitszeiten wurden seit Mitte der 1980er-Jahre

159

trotzdem nicht mehr verkürzt. Dabei ist unsere Arbeit durch diese massive Verdichtung und Beschleunigung natürlich auch wesentlich anstrengender geworden und Teilzeitarbeit im gleichen Zeitraum im Vergleich zur Vollzeitbeschäftigung massiv gestiegen. Es gibt nicht nur jetzt und heute nicht genug Vollzeitjobs für alle Erwerbstätigen und insbesondere für alle Frauen, sondern es gab sie noch nie – abgesehen davon, dass sich auch unsere Leben nicht über vier Jahrzehnte mit einer 40-Stunden-Woche kombinieren lassen, wenn wir Zeit mit unseren Kindern verbringen und auch noch gesund bleiben wollen. 45 Jahre lang Vollzeit arbeiten kann nur, wer das extreme Glück hat, immer einen Vollzeitjob auf dem Arbeitsmarkt ergattern zu können, von seinem 20. bis 65. Lebensjahr keinerlei familiären Verpflichtungen nachkommen muss, niemals in eine Krise schlittert und immer gesund ist – und natürlich auch einer Arbeit nachgeht, die man über Jahrzehnte hinweg fünf Tage die Woche und acht Stunden am Tag ausüben kann. Für alle, die physisch und psychisch belastenden Berufen nachgehen, ist das schon mal unmöglich – für alle, die Kinder großziehen wollen, auch, für alle, die wegen ihres Geschlechts oder ihrer Herkunft auf dem Arbeitsmarkt benachteiligt werden, natürlich sowieso und für alle, die in der falschen Branche arbeiten, erst recht. Die Vorstellung, dass in der heutigen Zeit zumindest der Großteil von uns während seines gesamten Erwerbslebens 40 Stunden pro Woche durcharbeiten könnte, ist absolut weltfremd. Dieses Konzept von Vollbeschäftigung stammt aus den 1970er-Jahren und ist heute pure Fiktion. Diese Fiktion ist nicht nur nicht umsetzbar, sie ist auch extrem schädlich für unsere Gesellschaft. Sie macht uns krank, sie macht uns arm, und sie raubt uns die Zeit, die wir für unser eigentliches Leben außerhalb der Arbeitswelt brauchen. Die meisten von uns – Männer wie Frauen – können sich selbst nämlich ohnehin nicht in ihrer Arbeit verwirklichen und entfalten, sondern arbeiten schlicht, um überleben zu können. Lohnarbeit ist für die meisten von uns auch kein Spaß oder

Genuss, sondern eine Verpflichtung, der wir nachkommen müssen. Dieses Ideal von der erfüllenden, bilderbuchartigen Erwerbsarbeit wurde schließlich auch von Menschen erfunden, die noch nie den ganzen Tag hinter einer Supermarktkasse gesessen oder in der Gastronomie geschuftet haben. Die Erfinder dieser Idee hatten selbstverständlich eine Ahnung davon, dass man von stundenlangem Stehen oder Sitzen Schmerzen bekommt, dass negativer Stress in einem Job ohne Anerkennung krank macht und dass sich das gesamte restliche Leben diesem so weltfremden Konzept unterordnen muss. Aber das war und ist ihnen einfach egal, weil es nicht sie sind, die so leben müssen, sondern sie nur ihren Profit daraus schlagen, dass wir es müssen.

Diese unfassbar ungerechte und schlechte Verteilung von Arbeit und Zeit führt unausweichlich auch zu der desaströsen Ungleichverteilung von Geld in unserer Gesellschaft – zwischen den Klassen und insbesondere auch zwischen den Geschlechtern. Wir Frauen werden weiterhin von viel weniger Geld leben und im Alter womöglich in Armut dahinvegetieren müssen, solange wir unsere Arbeit nicht gerechter bewerten und verteilen. Alles andere ist nur Kosmetik, mit allem anderen werden wir nur weiter hingehalten und für dumm verkauft. Dabei sind die vermeintlichen Gegenargumente, mit denen wir nun seit Jahrzehnten abgespeist und hingehalten werden, so haltlos wie schlecht. Seit 200 Jahren sind die Schutzbehauptungen derer, die über unsere Köpfe hinweg auf unsere Kosten ihren Profit machen, dieselben. Schon als es um die Regulierung von Kinderarbeit ging, haben sie mit diesen argumentiert und spulen sie seither einfach wie in Endlosschleifen immer und immer wieder ab. So scheiterten die vom preußischen Unterrichtsminister von Altenstein in den 1820er-Jahren vorbereiteten Kinderschutzmaßnahmen im heutigen Deutschland schon damals am Einspruch des Innenministers, der eine „direkte Einwirkung der Gesetzgebung" zur Begrenzung der Arbeitszeit ablehnte, „da dadurch die natürliche Freiheit des

Menschen, über seine Zeit und Kräfte auf die ihm vorteilhaftest erscheinende Art zu disponieren, beeinträchtigt würde"[4]. Überdies würden derartige Maßnahmen „die notwendige Folge haben, die inländischen Fabrikate mehr oder weniger zu verteuern, mithin die jetzt ohnehin schon schwer zu ertragende Konkurrenz des Auslandes, wo ähnliche Maßregeln nicht stattfinden, noch mehr zu begünstigen"[5]. Zwanzig Jahre später wurde die Arbeitszeit von Kindern in Preußen dann doch zumindest auf maximal zehn Stunden pro Tag reduziert, allerdings nicht aus ethischen Gründen, sondern weil die Jungen durch die schwere Arbeit zunehmend krank und somit untauglich für den Militärdienst wurden. Die Kinder wurden durch die kürzeren Arbeitszeiten auch nicht in ihrer „natürlichen Freiheit" eingeschränkt, sondern das Gegenteil war der Fall: Sie gewannen Freiheit, weil sie erstmals Zeit hatten, Kind zu sein, zu spielen und zu lernen, wenn auch nur eine Stunde pro Tag. Die inländischen Produkte wurden auch nicht teurer, und die horrenden Gewinne der Fabriksbetreiber sprudelten weiter – aber weniger Kinder verloren ihr Leben schon vor der Geschlechtsreife. In dieser Zeit flammte ein erster Hoffnungsschimmer unter den ArbeiterInnen auf, denn sie erkannten, dass sich ihre Lage auch verbessern konnte. Und ein langer Kampf begann, der bis heute andauert – nur dass wir uns heute nicht mehr trauen, die Interessengegensätze zwischen denen, die das Geld haben, und jenen die es brauchen, auch offen anzusprechen, obwohl sie heute so evident wie gestern sind.

Die Kämpfe, die wir führen müssen

Wir müssen uns also – so sehr uns das im Innersten auch widerstrebt, weil es uns Frauen schon immer anders eingetrichtert wurde – damit anfreunden, dass wir das Ende der Diplomatie einläuten müssen. Wenn wir erreichen wollen, was wir brauchen, um ein menschenwürdiges, gleichberechtigtes Leben führen zu können, dann dürfen wir nicht länger höflich bitten und zaghaft fordern, um gehört zu werden. Die Zeit des stillen Leids muss nun endlich vorbei sein, die Ära der Geschlechtergerechtigkeit muss anbrechen. Es ist dafür allerhöchste Zeit. Solidarität ist unser wichtigstes Werkzeug dafür, denn einzeln können wir gar nichts erreichen, aber gemeinsam alles. Es braucht Solidarität zwischen den Generationen, wie wir sie gegenwärtig im Kampf gegen die Klimakrise erleben, Solidarität zwischen den Kulturen, den Nationen, den Lebensmodellen. Es geht jedoch nicht darum, eine Leitkultur zu definieren oder ein Primat über die Lebensweise von Frauen zu errichten, sondern darum, weibliche Selbstbestimmtheit zu ermöglichen. Dazu werden wir uns gemeinsam neue Orte schaffen müssen, denn die bestehenden Strukturen sind nachweislich in ihrer aktuellen Verfassung nicht dazu geeignet, um dort unseren Kampf zu führen. Niemand anderer wird für uns kämpfen oder uns retten. Wir werden es selbst tun müssen. Wir werden neue Konzepte des Aktivismus erfinden und erproben müssen, die dazu führen, dass wir nicht nur als das gesehen und anerkannt werden, was wir sind – die wahren Leistungsträgerinnen –, sondern auch durchsetzungsfähig werden.

Die Kämpfe, die wir führen müssen, werden im Netz und auf der Straße gleichermaßen stattfinden. Sie werden künftig aus den Homeoffices heraus, auf den Spielplätzen und in den Betrieben geführt werden müssen, und zwar länderwie branchenübergreifend. Es geht dabei um den Kampf der Zimmermädchen in Spanien und den der Erntehelferinnen in

Italien, um die in Scheinselbstständigkeit gedrängten Frauen ebenso wie um jene, die seit Jahren in Kettenverträgen festhängen. Wir müssen nicht nur auf einer intellektuellen, sondern auch auf einer emotionalen Ebene verinnerlichen, dass wir tatsächlich eine Leidensgemeinschaft sind – nicht, weil wir uns das so ausgesucht haben, sondern weil wir dazu gemacht wurden. Doch wir müssen von dieser unfreiwilligen Schicksalsgemeinschaft zur selbstbestimmten Schwesternschaft werden, wenn wir unser Gesellschaftssystem nicht nur zu unseren Gunsten, sondern zugunsten der Mehrheit verändern wollen. Der erste Schritt dazu ist die Bewusstwerdung, also das Selbstverständnis als Angehörige dieser Gruppe, so wie das auch bei der neuen ArbeiterInnenklasse der Fall ist. Dieses Klassenbewusstsein muss das Fundament sein, auf dem wir uns organisieren, denn es versetzt uns nicht nur in die Lage zu erkennen, dass wir einander brauchen, sondern auch, was für Möglichkeiten wir uns gegenseitig eröffnen. Wir sitzen zwar nicht an den Schalthebeln der Macht, aber wir sind die Räder, die das Getriebe der Gesellschaft am Laufen halten. Jedoch wird nicht irgendein fiktiver starker männlicher Arm diese Räder für uns anhalten, sondern wir Frauen werden diejenigen sein müssen, die einmal aufhören, sich zu drehen – weil wir selbst die Richtung, die Geschwindigkeit und den Zweck unserer Dynamik definieren können und sollen. Das ist keine verstaubte Utopie, das ist auch heute eine zwingende Notwendigkeit, wenn wir uns aus der undankbaren, unhaltbaren, unerträglichen Situation befreien wollen, in der wir uns schon viel zu lange befinden.

Schließlich müssen wir die Spielregeln grundsätzlich neu verfassen. Ich möchte hier die große Johanna Dohnal zu Wort kommen lassen, die 1997 zu Recht kritisierte: „Werden uns die Bilder von streikenden Bergarbeitern in Deutschland und von streikenden Autoarbeitern in Belgien auch weiter den Blick vernebeln auf die nicht demonstrierenden Frauen, die kurzarbeiten, die ohne Versicherung und Schutz taglöhnern, die sich flexibel abrackern?"[6] Unsere „Förderbänder" sind ebenso die Kinder- und Krankenbetten, die Wäsche- und Geschirrberge und die unzähligen anderen Leistungen, die wir für das Gemeinwohl erbringen, ohne dass sie als solche gesehen, geschweige denn anerkannt werden. Wenn wir erst aufzeigen, was wir tagtäglich überhaupt alles stemmen und was passieren würde, wenn wir damit auch nur eine Stunde lang aufhörten, dann würde sich wohl schon einiges ändern. Das können wir alleine aber nicht, weil wir es uns weder erlauben wollen noch erlauben dürfen, mit dem aufzuhören, was wir leisten, weil es um unsere Liebsten geht und weil auch kein Streikfonds der Welt den gewaltigen monetären, körperlichen und psychischen Schaden kompensieren könnte, der dabei entstehen würde. Daher müssen wir uns Seilschaften bedienen, die es aufzubauen gilt. Wir müssen Netzwerke errichten, die das große Ganze über alles andere stellen. Denn auch wenn ein paar von uns in manchen Bereichen in den Genuss so mancher Verbesserung kommen, so sind wir in der Summe gesehen immer noch diejenigen, die zwar die Leistung erbringen, aber nicht den Profit erhalten. Daher zitiere ich an dieser Stelle noch einmal Johanna Dohnal: „Die Jubelmeldungen über das Ende des Patriarchats durch den Vormarsch der Frauen in vielen gesellschaftlichen Bereichen sind als das zu verstehen, was sie sind: Propaganda der Patriarchen und Postfeministinnen."[7] Aber es gibt auch eine gute Nachricht: Noch nie hatten wir so eine realistische Chance auf einen grundsätzlichen Wandel wie jetzt. Denn die vielen dramatischen sozialen und ökologischen Krisen unserer Zeit zeigen uns, dass es so wie bisher auf keinen Fall weitergehen kann. Das gesamtgesellschaftliche Bewusstsein hierfür steigt rasant, und immer mehr Menschen sind bereit, die Strukturen und Lebensweisen zu überdenken, oder werden von der Macht des Faktischen dazu gezwungen. Ob wir wollen oder nicht: Wir befinden uns gerade am Beginn einer großen gesellschaftlichen Neuverhandlung über die Zukunft unseres Zusammenlebens, am Anfang einer völligen

Neuverteilung von Arbeit, Zeit und Geld. Und wir müssen unsere Plätze an den Tischen einnehmen, an denen die Rahmenbedingungen dafür bestimmt werden. Das ist keine weit entfernte Angelegenheit, das passiert in unserer direkten Umgebung. Wir sind die Töchter und die Schwestern, die Mütter und die Partnerinnen, die Freundinnen und Kolleginnen derer, die bislang die Plätze einnahmen, die uns genauso zustehen. Und wenn wir unsere legitimen Ansprüche beim Bau der Welt von morgen geltend machen wollen, dann werden wir sie gegen die Interessen anderer durchsetzen müssen. Wir waren lange genug verständnisvoll und still. Es wird Zeit, den Mut dafür aufzubringen, uns zu nehmen, was uns zusteht. Um es abschließend mit den Worten der großartigen Alexandria Ocasio-Cortez auf den Punkt zu bringen: „Hoffnung ist nichts, das man hat oder nicht hat. Hoffnung ist etwas, das man schafft, indem man etwas tut."[8]

DANK
SAGUNG

DANKSAGUNG

Dieses Buch konnte nur durch die Mithilfe von anderen engagierten Menschen entstehen. An dieser Stelle gebührt ihnen mein aufrichtiger Dank.

Wie schon bei meinem ersten Buch möchte ich mich erneut bei Iris Kraßnitzer und Melissa Huber vom Verlag des ÖGB bedanken. Sie haben sich einmal mehr mit voller Begeisterung dafür eingesetzt, dass mit einem großartigen Team aus einem Konzept und einem Manuskript ein wunderbares Buch entstehen konnte. Zudem möchte ich auch dem Lektor dieses Textes, Florian Praxmarer, sehr herzlich für seine Geduld, seine Genauigkeit und seinen Einsatz für jedes Detail bedanken.

Große Dankbarkeit empfinde ich natürlich vor allem auch den Frauen gegenüber, die mir einen so wertvollen Einblick in ihren Alltag, ihre Familien, ihre Geschichten und ihr Innerstes geschenkt haben. Mit ihrer so kostbaren Zeit und Offenheit haben sie dieses Buch überhaupt erst möglich gemacht.

Meiner Mutter möchte ich bei dieser Gelegenheit dafür danken, dass sie mich nicht zu Gehorsam und Gefälligkeit erzogen hat, sondern mich immer darin bestärkt hat, mich für das, woran ich glaube und was ich mir wünsche, einzusetzen. Sie hat mir schon in sehr jungen Jahren klargemacht, dass ich als Mädchen nur mit einem lieben Lächeln nicht weit komme, sondern mir Gehör verschaffen muss.

Der größte Dank gebührt jedoch meinem Mann Sebastian Bohrn Mena. Er hat mich stetig angetrieben, aufgemuntert und durch seine Begeisterung für mein Tun unterstützt wie kein anderer. Er hat ebenso unzählige Stunden seiner Zeit für dieses Buch geopfert wie ich, mich ständig bestärkt und ist mir unentwegt als kritisches Gegenüber zur Seite gestanden. Ohne den Austausch mit ihm hätte ich dieses Buch nicht schreiben können.

QUELLEN

OLEGGEN

Einleitung

1 Arbeitsmarktservice Österreich: Aktuelle Monatsdaten von März bis Juni 2020; www.statistik.at/web_de/presse/123802.html
2 Statistisches Bundesamt: Dossier: Statistiken zur COVID-19-Pandemie. Ausgabe 13/2020
3 Eurofound: Leben, Arbeiten und Covid-19: Erste Ergebnisse – April 2020; www.eurofound.europa.eu/de/publications/report/2020/living-working-and-covid-19-first-findings-april-2020
4 Österreichisches Arbeitsmarktservice: Aktuelle Arbeitsmarktdaten, Juli 2020; www.ams.at/arbeitsmarktdaten-und-medien/arbeitsmarkt-daten-und-arbeitsmarkt-forschung/berichte-und-auswertungen
5 Hammerschmid, Anna; Schmieder, Julia; Wrohlich, Katharina: Frauen in Corona-Krise stärker am Arbeitsmarkt betroffen als Männer. In: DIW aktuell 42, 7 S., Mai 2020; www.diw.de/de/diw_01.c.789751.de/publikationen/diw_aktuell/2020_0042/frauen_in_corona-krise_staerker_am_arbeitsmarkt_betroffen_als_maenner.html
6 Kohlrausch, Bettina; Zucco, Aline: Die Corona-Krise trifft Frauen doppelt. Weniger Erwerbseinkommen und mehr Sorgearbeit. WSI Policy Brief Nr. 40, Mai 2020; www.boeckler.de/pdf/p_wsi_pb_40_2020.pdf
7 Eurofound: Leben, Arbeiten und Covid-19: Erste Ergebnisse – April 2020; www.eurofound.europa.eu/de/publications/report/2020/living-working-and-covid-19-first-findings-april-2020
8 Bock-Schappelwein, Julia; Famira-Mühlberger, Ulrike; Mayrhuber, Christine: COVID-19: Ökonomische Effekte auf Frauen. Rückgang der Beschäftigung und Anstieg der Arbeitslosigkeit halten im April an. WIFO Research Briefs 3/2020, April 2020; www.wifo.ac.at/jart/prj3/wifo/resources/person_dokument/person_dokument.jart?publikationsid=65897&mime_type=application/pdf
9 Schröter, Tilman: Mehr Hausarbeit und Kinderbetreuung – Frauen tragen die Last. In: Tagesspiegel (5. 7. 2020); www.tagesspiegel.de/politik/rollenverteilung-in-coronavirus-zeiten-mehr-hausarbeit-und-kinderbetreuung-frauen-tragen-die-last/25810728.html
10 Institut für Heterodoxe Ökonomie der WU Wien: Blog: Genderspezifische Effekte von COVID-19. #1 Blog: Zeitverwendung von Paarhaushalten während COVID-19; www.wu.ac.at/vw3/forschung/laufende-projekte/genderspezifscheeffektevoncovid-19/1blog
11 Mader, Katharina; Disslbacher, Franziska; Derndorfer, Judith; Lechinger, Vanessa; Six, Eva (Wirtschaftsuniversität Wien): Mehrfachbelastung unter COVID-19: Home-Office und Hausarbeit. Juli 2020; www.wu.ac.at/vw3/forschung/laufende-projekte/

12   Hans Böckler Stiftung: Pressedienst (10. 7. 2020); www.boeckler.de/pdf/
      pm_wsi_2020_07_10.pdf
13   Ebenda
14   Amnestie International (26. 5. 2020): Coronakrise: Frauen und Mädchen sind
      Unsicherheit und Gewalt ausgesetzt;
      www.amnesty.de/informieren/aktuell/europa-und-zentralasien-coronakrise-frauen-
      und-maedchen-sind-unsicherheit-und?fbclid=IwAR3pMql1Oy3wv9_
      SzGsdkPYNDOTN4laT3_EF-rTnFRSss7KprF9dhUA55yA
15   United Nations, Regional Information Center for Western Europe (7. 5. 2020):
      WHO warns of surge of domestic violence as COVID-19 cases decrease in Europe;
      unric.org/en/who-warns-of-surge-of-domestic-violence-as-covid-19-cases-
      decrease-in-europe/
16   OECD Data: Violence against Women. August 2020; data.oecd.org/inequality/
      violence-against-women.htm
17   Gantzer, Camille: Femizide: ein Vergleich zwischen europäischen Ländern. In:
      Le Journal International (11. 5. 2020); www.lejournalinternational.info/de/
      reportage-feminicides-une-comparaison-entre-les-pays-europeens/
18   Ebert, Cara; Javadekar, Sayli; Steinert, Janina: The Impact of COVID-19 on Violence
      against Women and Children in Germany. Technische Universität München, Juni
      2020; www.hfp.tum.de/globalhealth/forschung/covid-19-and-domestic-violence/
19   Amnestie International (26. 5. 2020): Coronakrise: Frauen und Mädchen sind
      Unsicherheit und Gewalt ausgesetzt;
      www.amnesty.de/informieren/aktuell/europa-und-zentralasien-coronakrise-frauen-
      und-maedchen-sind-unsicherheit-und?fbclid=IwAR3pMql1Oy3wv9_
      SzGsdkPYNDOTN4laT3_EF-rTnFRSss7KprF9dhUA55yA

Die Hintergründe

1   Statistisches Bundesamt: Zeitverwendungserhebung 2012/2013, Wiesbaden 2015;
     www.destatis.de/DE/Themen/Gesellschaft-Umwelt/Einkommen-Konsum-
     Lebensbedingungen/Zeitverwendung/Publikationen/Downloads-Zeitverwendung/
     zeitverwendung-5639102139004.pdf?__blob=publicationFile
2   Statistik Austria: Zeiterverwendungserhebung 2008/2009; www.statistik.at/
     web_de/statistiken/menschen_und_gesellschaft/soziales/zeitverwendung/
     zeitverwendungserhebung/index.html
3   Ghassemi, Sonja; Kronsteiner-Mann, Christa: Zeitverwendung 2008/09. Ein
     Überblick über geschlechtsspezifische Unterschiede. Endbericht der Bundesanstalt
     Statistik Österreich an die Bundesministerin für Frauen und Öffentlichen Dienst.
     Wien 2009, 15 f.; abrufbar unter www.statistik.at/web_de/statistiken/menschen_
     und_gesellschaft/soziales/zeitverwendung/zeitverwendungserhebung/index.html
4   Statistik Austria: Mikrozensus 2019, Teilzeitarbeit, Teilzeitquote; www.statistik.at/
     web_de/statistiken/menschen_und_gesellschaft/arbeitsmarkt/arbeitszeit/
     teilzeitarbeit_teilzeitquote/index.html
5   Institut für Arbeit und Qualifikation an der Universität Duisburg-Essen: Teilzeit-
     quote insgesamt und nach Geschlecht 1991–2019; www.sozialpolitik-aktuell.de/tl_
     files/sozialpolitik-aktuell/_Politikfelder/Arbeitsmarkt/Datensammlung/PDF-
     Dateien/abbIV8d.pdf

6   Statistik Austria: Arbeitsmarktstatistiken 2019. Ergebnisse der Mikrozensus-Arbeitskräfteerhebung und der Offenen-Stellen-Erhebung. Wien 2020; abrufbar unter www.statistik.at/web_de/services/publikationen/3/index.html?includePage=detailedView&sectionName=Arbeitsmarkt&pubId=485
7   Ebenda
8   Statistisches Bundesamt: Bevölkerung und Erwerbstätigkeit. Haushalte und Familien. Ergebnisse des Mikrozensus 2019. Destatis 2020; www.destatis.de/DE/Themen/Gesellschaft-Umwelt/Bevoelkerung/Haushalte-Familien/Publikationen/Downloads-Haushalte/haushalte-familien-2010300197004.pdf?__blob=publicationFile
9   Famira-Mühlberger, Ulrike; Fuchs, Stefan: Unbezahlte Überstunden in Österreich. WIFO, Juni 2013; www.wifo.ac.at/jart/prj3/wifo/resources/person_dokument/person_dokument.jart?publikationsid=46936&mime_type=application/pdf
10 Statistik Austria: Mikrozensus 2019, Durchschnittlich geleistete Arbeitszeit, Überstunden; www.statistik.at/web_de/statistiken/menschen_und_gesellschaft/arbeitsmarkt/arbeitszeit/durchschnittlich_geleistete_arbeitszeit_ueberstunden/index.html
11 Statistik Austria: Gender-Statistik, Einkommen; www.statistik.at/web_de/statistiken/menschen_und_gesellschaft/soziales/gender-statistik/einkommen/index.html
12 Statistisches Bundesamt: Gender Pay Gap 2019: Frauen verdienen 20 % weniger als Männer. Verdienstunterschied bei 4,44 Euro brutto pro Stunde. Pressemitteilung Nr. 097 (16. 3. 2020); www.destatis.de/DE/Presse/Pressemitteilungen/2020/03/PD20_097_621.html
13 Unger, Martin et al.: Studierenden-Sozialerhebung 2019. Kernbericht. Kap. 15: Praktika während des Studiums. IHS, Juni 2020; ww2.sozialerhebung.at/index.php/de/ergebnisse/2019
14 Zaussinger, Sarah et al.: Studierenden-Sozialerhebung 2015, Kernbericht. Band 2: Studierende. Kap. 6 Praktika während des Studiums. IHS: Mai 2016; ww2.sozialerhebung.at/index.php/de/ergebnisse/2015
15 Österreichische Sozialversicherung: Statistische Daten aus der Sozialversicherung: Geringfügig Beschäftigte – Geringfügig freie Dienstverträge. Mai 2020; www.sozialversicherung.at/cdscontent/?contentid=10007.821590&portal=svportal
16 Lukawetz, Gerhard; Riesenfelder, Andreas; Danzer, Lisa: Demographie und Sozialstatistik von EPU/Solo-Selbstständigen. Analysen aus den Datenbeständen der Statistik Austria. Wien, Dezember 2015; www.forschungsnetzwerk.at/downloadpub/focus_1_epu-grundlagenforschung_endbericht_final.pdf
17 Statistisches Bundesamt: Lohn- und Einkommensstatistik des Bundesamts für Statistik 2019; www.destatis.de/DE/Themen/Staat/Steuern/Lohnsteuer-Einkommensteuer/Tabellen/gde.html
18 Statistik Austria: Tabellenband EU-SILC 2019; abrufbar unter www.statistik.at/web_de/frageboegen/private_haushalte/eu_silc/index.html

Die Familienerhalterin

1   www.bmafj.gv.at/Services/News/Coronavirus/Corona-Familienhaerteausgleich.html
2   Ebenda
3   www.bmafj.gv.at/Services/News/Coronavirus/Familienkrisenfonds.html
4   Statistik Austria: Armuts- und Ausgrenzungsgefährdung (2019); www.statistik.at/
    web_de/statistiken/menschen_und_gesellschaft/soziales/gender-statistik/
    armutsgefaehrdung/index.html
5   Statistik Austria: Tabellenband EU-SILC 2019; abrufbar unter www.statistik.at/
    web_de/frageboegen/private_haushalte/eu_silc/index.html
6   Hehenberger, Anna: Familienhärtefallausgleich: Das reicht noch immer nicht.
    Momentum Institut – Berechnung vom 16. April 2020 auf Datenbasis von Statistik
    Austria und Bundesministerium für Arbeit, Familie und Jugend;
    www.momentum-institut.at/news/familienhaertefaellefonds-von-hilfe-weit-entfernt

Ein Leben in Hingabe

1   Sozialversicherungsanstalt der Selbständigen (SVS) – Kompetenzzentrum
    Qualitätssicherung in der häuslichen Pflege: Bundespflegegeldgesetz.
    Qualitätssicherung in der häuslichen Pflege. Auswertung der von den diplomierten
    Gesundheits-/Krankenpflegepersonen durchgeführten Hausbesuche im Zeitraum
    von Jänner bis Juni 2019;
    www.svs.at/cdscontent/load?contentid=10008.730412&version=1577088963
2   Bundesministerium für Arbeit, Soziales, Gesundheit und Konsumentenschutz
    (BMASGK): Österreichischer Pflegevorsorgebericht 2018. Wien 2019;
    broschuerenservice.sozialministerium.at/Home/Download?publicationId=719
3   Interessengemeinschaft pflegender Angehöriger: Daten und Fakten;
    www.ig-pflege.at/hintergrund/datenundfakten.php
4   Statistisches Bundesamt: Zeitverwendungserhebung. Aktivitäten in Stunden und
    Minuten für ausgewählte Personengruppen 2012/2013. Wiesbaden 2015;
    www.destatis.de/DE/Themen/Gesellschaft-Umwelt/Einkommen-Konsum-
    Lebensbedingungen/Zeitverwendung/Publikationen/Downloads-Zeitverwendung/
    zeitverwendung-5639102139004.pdf?__blob=publicationFile
5   Bundesministerium für Arbeit, Soziales, Gesundheit und Konsumentenschutz
    (BMASGK): Österreichischer Pflegevorsorgebericht 2018. Wien 2019;
    broschuerenservice.sozialministerium.at/Home/Download?publicationId=719
6   Mairhuber, Ingrid; Sardadvar, Karin: Erwerbstätige pflegende Angehörige in
    Österreich: Herausforderungen im Alltag und für die Politik. FORBA-Forschungsbe-
    richt 1/2017; www.forba.at/wp-content/uploads/2018/11/1234-FB_01_2017.pdf
7   Bundesministerium für Arbeit, Soziales, Gesundheit und Konsumentenschutz
    (BMASGK): Österreichischer Pflegevorsorgebericht 2018. Wien 2019;
    broschuerenservice.sozialministerium.at/Home/Download?publicationId=719
8   Bundesministerium für Arbeit, Soziales, Gesundheit und Konsumentenschutz
    (BMASGK): Österreichischer Pflegevorsorgebericht 2018. Wien 2019;
    broschuerenservice.sozialministerium.at/Home/Download?publicationId=719

9   Nagl-Cupal, Martin et al.: Kinder und Jugendliche als pflegende Angehörige. Einblick in die Situation Betroffener und Möglichkeiten der Unterstützung. Zwei Studien im Auftrag des Instituts für Pflegewissenschaften der Universität Wien im Auftrag des Bundesministeriums für Arbeit, Soziales und Konsumentenschutz. Verlag des ÖGB: Wien 2015; broschuerenservice.sozialministerium.at/Home/Download?publicationId=307
10   Bundesministerium für Arbeit, Soziales, Gesundheit und Konsumentenschutz (BMASGK): Österreichischer Pflegevorsorgebericht 2018. Wien 2019; broschuerenservice.sozialministerium.at/Home/Download?publicationId=719
11   Schneider, Ulrike et al.: Wiener Studie zur informellen Pflege und Betreuung älterer Menschen 2008. Wirtschaftsuniversität Wien, Forschungsbericht der Forschungsinstituts für Altersökonomie, Nr. 01/2009; www.wu.ac.at/fileadmin/wu/d/ri/altersoekonomie/FB12009.pdf

Die Einzelkämpferin

1   Statistik Austria: Mikrozensus-Arbeitskräfteerhebung 2019, Familiendaten; abrufbar unter www.statistik.at/web_de/statistiken/menschen_und_gesellschaft/bevoelkerung/haushalte_familien_lebensformen/familien/index.html
2   Statistik Austria: Tabellenband EU-SILC 2019; abrufbar unter www.statistik.at/web_de/frageboegen/private_haushalte/eu_silc/index.html
3   Bundesministerium für Familie, Senioren, Frauen und Jugend: Hintergrundmeldung (1. 1. 2020); www.bmfsfj.de/bmfsfj/themen/familie/familienleistungen/unterhaltsvorschuss/unterhaltsvorschuss/73558
4   Statistik Austria: Ehescheidungen; www.statistik.at/web_de/statistiken/menschen_und_gesellschaft/bevoelkerung/ehescheidungen/index.html
5   Scheibenbogen, Oliver; Andorfer, Ute; Kuderer, Margret; Musalek, Michael: Prävalenz des Burnout-Syndroms in Österreich. Verlaufsformen und relevante Präventions- und Behandlungsstrategien. Ein Forschungsprojekt im Auftrag des Bundesministeriums für Arbeit, Soziales, Gesundheit und Konsumentenschutz. Wien 2017; docplayer.org/60318299-Praevalenz-des-burnoutsyndroms-in-oesterreich-oliver-scheibenbogen-ute-andorfer-margret-kuderer-michael-musalek.html

Die Hoffnungsträgerin

1   Salzburger Nachrichten (29. 6. 2020); www.sn.at/wirtschaft/oesterreich/bisher-150-anzeigen-wegen-kurzarbeit-missbrauch-89518186
2   Schönherr, Daniel; Zandonella, Martina: Arbeitsbedingungen und Berufsprestige in systemrelevanten Berufen. Eine Studie des SORA Instituts im Auftrag der AK Wien, Juni 2020; www.arbeiterkammer.at/interessenvertretung/arbeitundsoziales/arbeitsmarkt/AK_Studie_Arbeitsbedingungen_in_systemrelevanten_Berufen.pdf

3   Unger, Martin et al.: Studierenden-Sozialerhebung 2019 – Kernbericht. Studie des IHS im Auftrag des Bundesministeriums für Bildung, Wissenschaft und Forschung. Projektbericht, Juni 2020; www.sozialerhebung.at/images/Berichte/Studierenden-Sozialerhebung_2019_Kernbericht.pdf
4   Ebenda
5   Ebenda
6   Ebenda
7   Schönherr, Daniel; Zandonella, Martina: Arbeitsbedingungen und Berufsprestige in systemrelevanten Berufen. Eine Studie des SORA Instituts im Auftrag der AK Wien, Juni 2020; www.arbeiterkammer.at/interessenvertretung/arbeitundsoziales/arbeitsmarkt/AK_Studie_Arbeitsbedingungen_in_systemrelevanten_Berufen.pdf
8   Ebenda
9   Unger, Martin et al.: Studierenden-Sozialerhebung 2019 – Kernbericht. Studie des IHS im Auftrag des Bundesministeriums für Bildung, Wissenschaft und Forschung. Projektbericht, Juni 2020; www.sozialerhebung.at/images/Berichte/Studierenden-Sozialerhebung_2019_Kernbericht.pdf

Zurück an den Herd

1   Schmiederer, Simon: Junge Beschäftigte in Bäckerei-, Gastronomie- und Hotellerieberufen in Deutschland. baua: Fokus, Januar 2017; www.baua.de/DE/Angebote/Publikationen/Fokus/Junge-Beschaeftigte.pdf?__blob=publicationFile&v=5
2   Deutscher Bundestag: Antwort der Bundesregierung auf die kleine Anfrage der Abgeordneten Jutta Krellmann et al.: Möglicher Einfluss des Deutschen Hotel- und Gaststättenverbandes auf die Korrekturen bei der Umsetzung des Mindestlohngesetzes. Drucksache 18/5979. Berlin 2015; dip21.bundestag.de/dip21/btd/18/059/1805979.pdf
3   Bundesagentur für Arbeit: Arbeitslosengeld: Anspruch, Höhe, Dauer; www.arbeitsagentur.de/finanzielle-hilfen/arbeitslosengeld-anspruch-hoehe-dauer
4   HartzIV.org: Hartz IV Regelsatz; www.hartziv.org/regelbedarf.html
5   Bundesministerium für Familie, Senioren, Frauen und Jugend: Elterngeld und ElterngeldPlus. Hintergrundmeldung (2. 9. 2020); www.bmfsfj.de/bmfsfj/themen/familie/familienleistungen/elterngeld/elterngeld-und-elterngeldplus/73752
6   Statistik Berlin Brandenburg: Kindertagesstätten; www.statistik-berlin-brandenburg.de/regionalstatistiken/r-gesamt_neu.asp?Ptyp=410&Sageb=22005&creg=BBB&anzwer=9
7   Klier, Sabine: Extreme Mieterhöhungen oder Kündigungen! 35 Berliner Kinderläden vor dem Aus. In: B.Z. (9. 11. 2019); www.bz-berlin.de/berlin/extreme-mieterhoehungen-oder-kuendigungen-35-berliner-kinderlaeden-vor-dem-aus
8   Mietenwatch: Alle müssen wohnen; www.mietenwatch.de/leistbarkeit
9   Kaiser, Stefan : Wo die Mieterangst regiert. Steigende Wohnkosten, aggressive Investoren. In: Der Spiegel (online) (24. 3. 2019); www.spiegel.de/wirtschaft/soziales/berlin-steigende-mieten-aggressive-investoren-die-mieterangst-regiert-a-1259054.html
10   Mietenwatch: Alle müssen wohnen; www.mietenwatch.de/leistbarkeit

11 Paul, Ulrich: Exklusive Forsa-Umfrage: Jeder zweite Berliner hat Angst vor steigenden Mietkosten. In: Berliner Zeitung (1. 3. 2019); www.berliner-zeitung.de/mensch-metropole/exklusive-forsa-umfrage-jeder-zweite-berliner-hat-angst-vor-steigenden-mietkosten-li.21378

12 Mietenwatch: Alle müssen wohnen; www.mietenwatch.de/leistbarkeit

13 Klusemann, Stefan; Rosenkranz, Lena; Schütz, Julia: Professionelles Handeln im System. Perspektiven pädagogischer Akteur*innen auf die Personalsituation in Kindertageseinrichtungen (HiSKiTA). Bertelsmann Stiftung: Gütersloh 2020; www.bertelsmann-stiftung.de/fileadmin/files/BSt/Publikationen/GrauePublikationen/HiSKiTa_2020_final_01.pdf

14 Stadler, Peter; Splittgerber, Bettina: Psychosoziale Risiken bei der Arbeit. Eine europäische Kampagne der Arbeitsschutzbehörden 2012. Abschlussbericht zur deutschen Schwerpunktaktion, 2013; lasi-info.com/fileadmin/user_upload/TOP_4.2_EU-SLIC-Kampagne_psychosocial_risks_-_LASI-Abschlussbericht.pdf

15 DGB-Index Gute Arbeit: Arbeitshetze – Arbeitsintensivierung – Entgrenzung. So beurteilen die Beschäftigten die Lage (= Report 2011: Ergebnisse der Repräsentativerhebung). Berlin 2012; abrufbar unter: index-gute-arbeit.dgb.de/veroeffentlichungen/jahresreports

16 Mietenwatch: Alle müssen wohnen; www.mietenwatch.de/leistbarkeit

Die Leistung, die wir meinen

1 Goslar Institut: „Männliche" Crash-Test-Dummies gefährden weibliche Autofahrer; www.goslar-institut.de/recherche-tipps/verkehrssicherheit/maennliche-crash-test-dummies-gefaehrden-weibliche-autofahrer/

2 Gesundheit.gv.at: Genderaspekte bei Arzneimitteln; www.gesundheit.gv.at/gesundheitsleistungen/medikamente/gender_arzneimittel

3 Allmendinger, Jutta: Die Frauen verlieren ihre Würde. Familie in der Corona-Krise. In: ZEIT ONLINE, 12. 5, 2020; www.zeit.de/gesellschaft/zeitgeschehen/2020-05/familie-corona-krise-frauen-rollenverteilung-rueckentwicklung/komplettansicht

4 Zit. nach Schneider, Michael: Der Kampf um die Arbeitszeitverkürzung von der Industrialisierung bis zur Gegenwart. In: Gewerkschaftliche Monatshefte, Vol. 35/2, Wiesbaden 1984, 77–89, 78 f.; library.fes.de/gmh/main/pdf-files/gmh/1984/1984-02-a-077.pdf

5 Ebenda, 79

6 Johanna Dohnal, Dreiländer-Konferenz der Frauenbeauftragten in Konstanz, 19. 4. 1997; zit. nach johanna-dohnal.at/zitate

7 Johanna Dohnal, 15 Jahre Feministisches Frauengesundheitszentrum Trotula, 16. 10. 2004; zit. nach johanna-dohnal.at/zitate

8 Alexandria Ocasio-Cortez in einem Gespräch mit Greta Thunberg, erschienen in: der Freitag digital, Ausgabe 28, 11. 7. 2019; digital.freitag.de/2819/wir-duerfen-den-mut-nicht-verlieren/

© ÖGB-Verlag/Michael Mazohl

Zur Autorin

Die Arbeitsmarktexpertin und Publizistin
Veronika Bohrn Mena beschäftigt sich seit über
zehn Jahren mit den Veränderungsprozessen
in Wirtschaft und Gesellschaft und ihren
tiefgreifenden sozialen Auswirkungen.
Wie bereits in ihrem erfolgreichen ersten Buch
*Die neue ArbeiterInnenklasse. Menschen in prekären
Verhältnissen* stehen in ihren Betrachtungen auch
dieses Mal wieder die Betroffenen im Vordergrund,
denen sie auf eine einzigartige Weise eine Stimme verleiht.
Durch höchstpersönliche Perspektiven gewährt ihr
neues Buch so ganz besondere Einblicke in aktuelle
Arbeitsmarkt- und Gesellschaftsentwicklungen.